El Lenguaje de los Colores: Libera tu Creatividad y Expande tu Espíritu

Bienvenido(a) a este hermoso libro de mándalas, una herramienta creativa y terapéutica diseñada para brindarte momentos de relajación y reflexión. En estas páginas encontrarás una amplia variedad de diseños intricados y fascinantes listos para ser coloreados a tu gusto.

Pero este libro va más allá de la simple actividad de colorear. Aquí, exploraremos el poder y la influencia de los colores en nuestras vidas. Cada tono, matiz y sombra tiene una historia que contar, una emoción que transmitir y una energía que puede transformar.

Los mándalas, con su geometría sagrada y simetría armónica, han sido utilizados durante siglos como herramientas de meditación y sanación. Ahora, en estas páginas, te invitamos a adentrarte en su belleza y profundidad, mientras también exploramos la simbología y significado de los colores.

Cada vez que completes un mándala, te invitamos a prestar atención a los colores que has elegido. Tanto el primer color que aplicaste como el último pueden revelar aspectos importantes sobre tu estado emocional, tus pensamientos o tus necesidades en ese momento específico. A medida que te sumerjas en la interpretación de los colores, descubrirás cómo tu elección y combinación de tonos pueden afectar tu experiencia y despertar diferentes aspectos de tu ser.

Recuerda que las interpretaciones que encontrarás en este libro son solo guías y sugerencias. Cada individuo tiene una relación única con los colores, influenciada por su cultura, experiencias y perspectivas personales. Te animamos a explorar, experimentar y encontrar tus propias conexiones con los colores mientras coloreas y contemplas estos hermosos mándalas.

¡Adéntrate en este viaje de autodescubrimiento a través de los colores y déjate llevar por la magia de los mándalas!

Historia y significado de los mándalas

Los mándalas tienen una rica historia y una amplia presencia en diversas culturas alrededor del mundo. La palabra "mándala" proviene del sánscrito, un antiguo idioma de la India, y significa "círculo". Los mándalas son representaciones geométricas que generalmente están contenidas dentro de un círculo, aunque también pueden tener otras formas.

Los orígenes de los mándalas se remontan a miles de años atrás, encontrándose en tradiciones espirituales y religiosas en el hinduismo, el budismo, el taoísmo y otras filosofías orientales. En estas culturas, los mándalas se utilizan como herramientas para la meditación, la contemplación y la conexión con lo divino.

El círculo central de un mándala se considera el punto de partida y el núcleo del diseño, representando la totalidad del universo o el ser interior. Los patrones geométricos que se extienden desde el centro simbolizan la expansión del ser y la conexión con el mundo que nos rodea.

En el budismo tibetano, los mándalas son intrincados diseños hechos con arena de colores, conocidos como "mándalas de arena". Estos mándalas son creados por monjes como parte de un ritual sagrado y luego son destruidos, simbolizando la impermanencia de todas las cosas.

En la psicología y la terapia, los mándalas también han sido utilizados como herramientas terapéuticas para la autorreflexión, la sanación emocional y la reducción del estrés. Al colorear mándalas, se activa la creatividad y se puede acceder a un estado de relajación y concentración en el presente.

El significado espiritual de los mándalas está relacionado con la búsqueda de la unidad, el equilibrio y la armonía en la vida. Representan el microcosmos y el macrocosmos, la conexión entre el individuo y el universo. Colorear un mándala se convierte en un acto simbólico de autodescubrimiento, donde el proceso creativo se convierte en una meditación en movimiento.

En resumen, los mándalas son expresiones artísticas y espirituales que trascienden fronteras culturales y religiosas. A través de sus patrones y formas simbólicas, invitan a explorar el mundo interior y a encontrar equilibrio y paz en el caos del mundo exterior. Son una poderosa herramienta para la meditación, la reflexión y el crecimiento personal.

Instrucciones

¡Es hora de sumergirte en el maravilloso mundo de los mándalas y los colores! Antes de comenzar a colorear, aquí tienes algunas instrucciones para aprovechar al máximo tu experiencia con este libro:

- ➢ Prepárate: Encuentra un lugar tranquilo y cómodo donde puedas concentrarte y relajarte. Asegúrate de tener suficiente luz para ver claramente los detalles de los mándalas.
- ➢ Elige tus herramientas: Puedes utilizar lápices de colores, rotuladores, acuarelas o cualquier otro medio que te guste. Siéntete libre de experimentar y combinar diferentes técnicas para crear efectos interesantes.
- ➢ Explora la paleta de colores: Antes de comenzar a colorear, tómate un momento para observar la paleta de colores que tienes a tu disposición. Observa cómo te sientes al mirar cada color y elige el que más te atraiga en ese momento. Recuerda que no hay respuestas correctas o incorrectas, simplemente confía en tu intuición y en lo que te resuene personalmente.
- ➢ Colorea desde el corazón: A medida que te sumerges en el proceso de colorear, permítete conectar con tus emociones y pensamientos. No te preocupes demasiado por seguir reglas o patrones establecidos. Sigue tu intuición y deja que tus colores fluyan libremente sobre el papel.
- ➢ Observa el primer color: Después de completar el mándala, observa el primer color que aplicaste. Reflexiona sobre cómo te sentías al elegirlo y cómo crees que puede influir en la interpretación del mándala. ¿Representa una emoción en particular? ¿Transmite una energía específica?
- ➢ Observa el último color: Ahora, dirige tu atención al último color que aplicaste en el mándala. ¿Ha cambiado la energía del dibujo con este último toque de color? ¿Hay alguna conexión o contraste entre el primer y el último color que utilizaste?
- ➢ Lee las interpretaciones: En la página siguiente al mándala que acabas de colorear, encontrarás una interpretación de los colores utilizados. Descubre cómo se relaciona con tus propias reflexiones y experiencias. Recuerda que estas interpretaciones son solo sugerencias y que tú eres el único/a que realmente conoce el significado que los colores tienen para ti.
- ➢ Reflexiona y disfruta: Aprovecha este tiempo para reflexionar sobre tu experiencia y disfrutar del arte que has creado. Observa cómo los colores influyen en tu estado de ánimo y cómo el acto de colorear puede ser una forma de expresión y sanación personal.

¡Ahora, comienza tu viaje de color y autodescubrimiento con los mándalas!

Esperamos que encuentres alegría, relajación y una mayor comprensión de

ti mismo(a) a medida que te sumerges en estas páginas llenas de belleza y

creatividad.

¡Que tengas una experiencia maravillosa!

Que este libro sea una fuente de inspiración y sanación para ti.

A medida que explores y colorees los mándalas, te invito a reflexionar sobre tus propias interpretaciones y a descubrir cómo los colores pueden afectar tu estado de ánimo y emociones de manera única. Recuerda que no hay interpretaciones "correctas" o "incorrectas", ya que cada interpretación es válida y personal. Las interpretaciones las puedes encontrar al final.

¡Disfruta de tu viaje de color y creatividad!

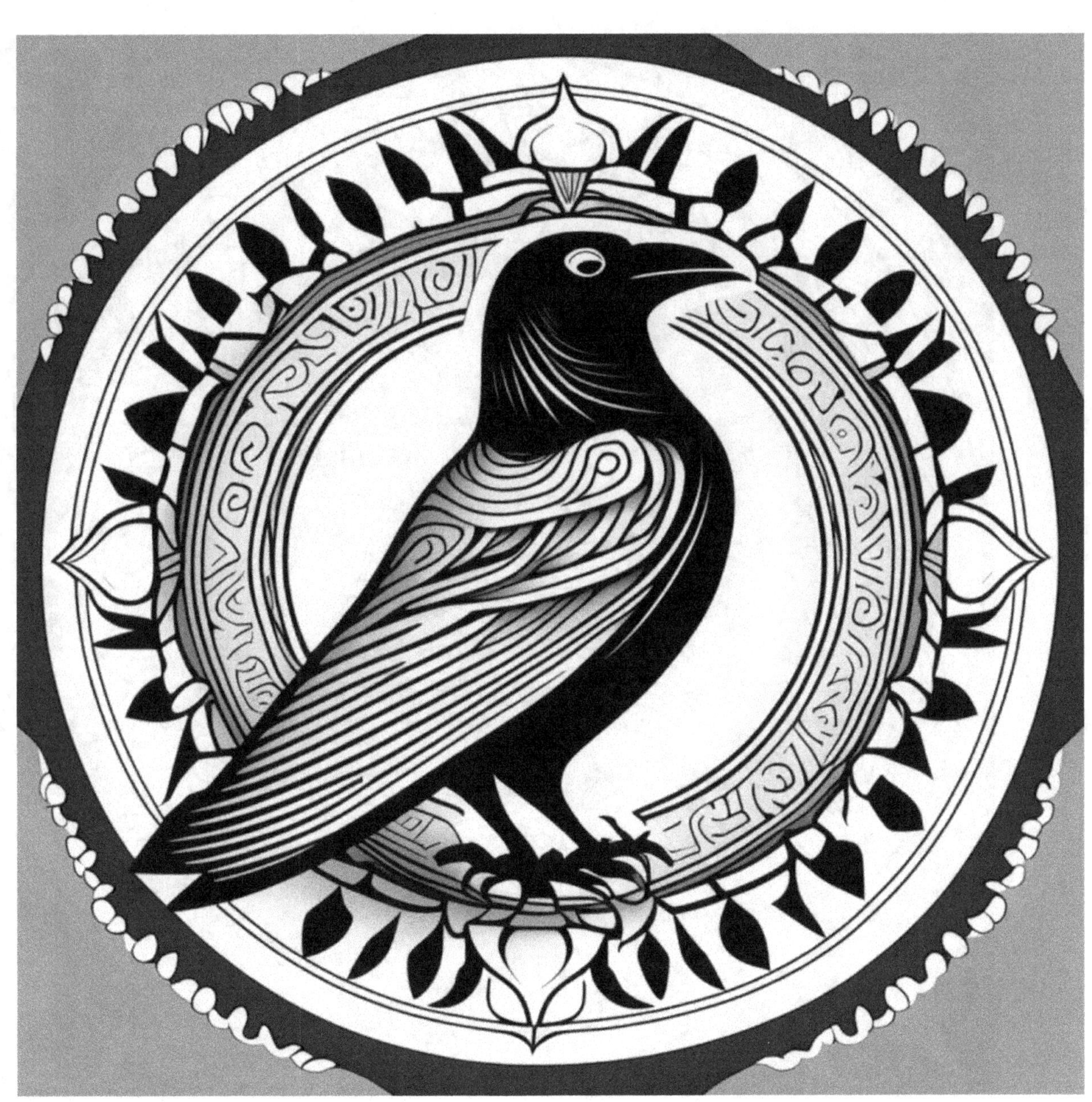

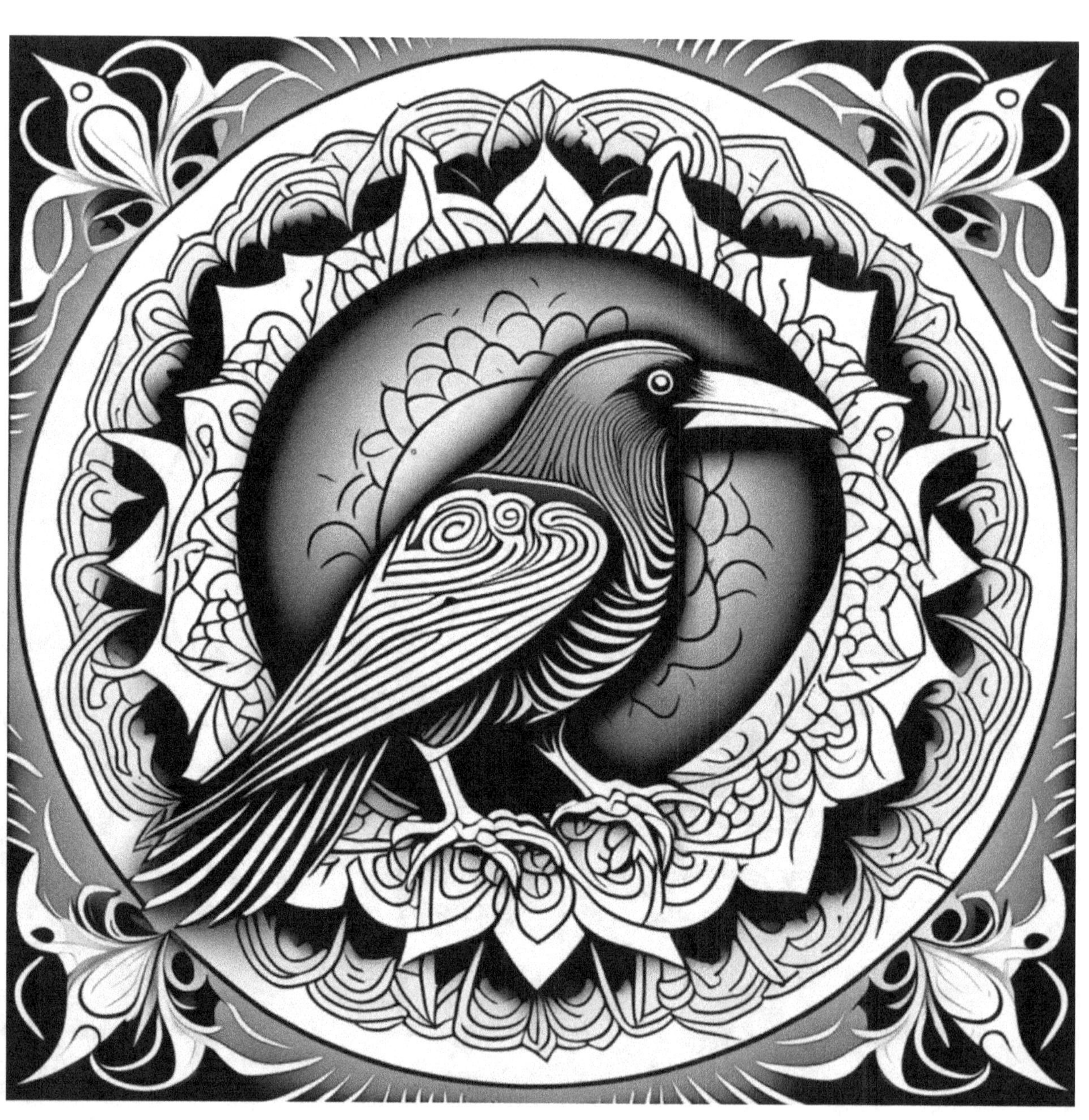

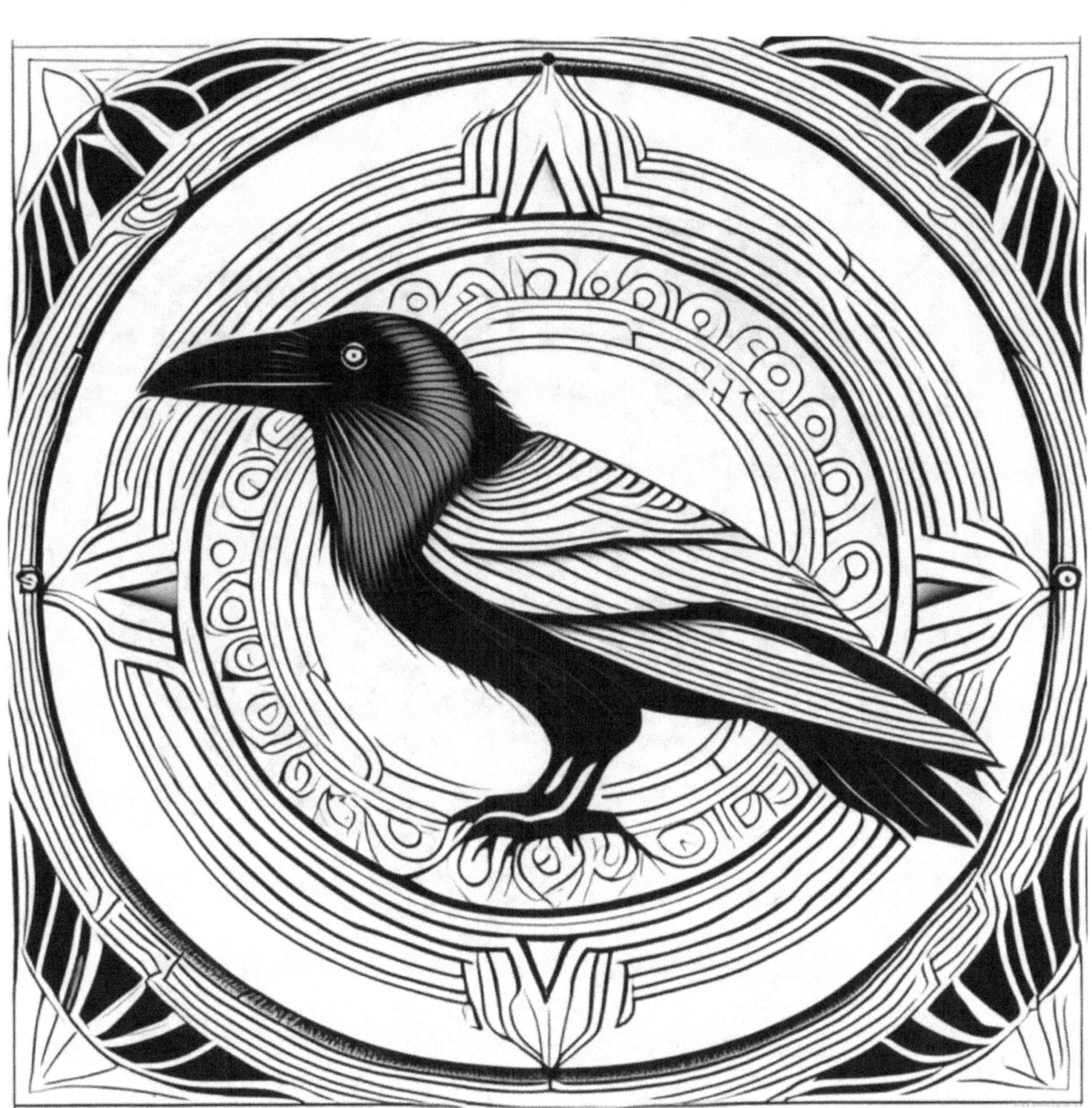

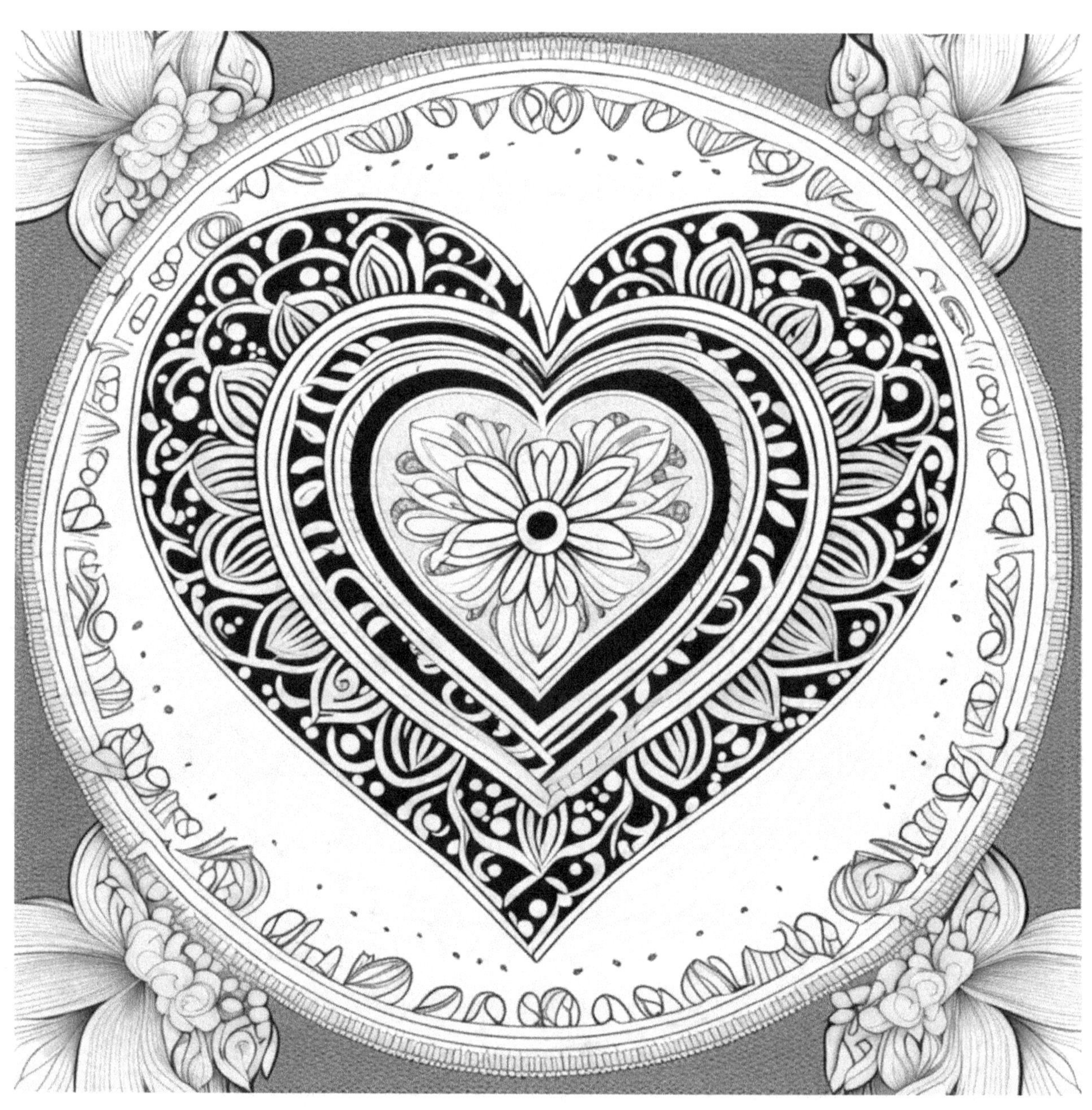

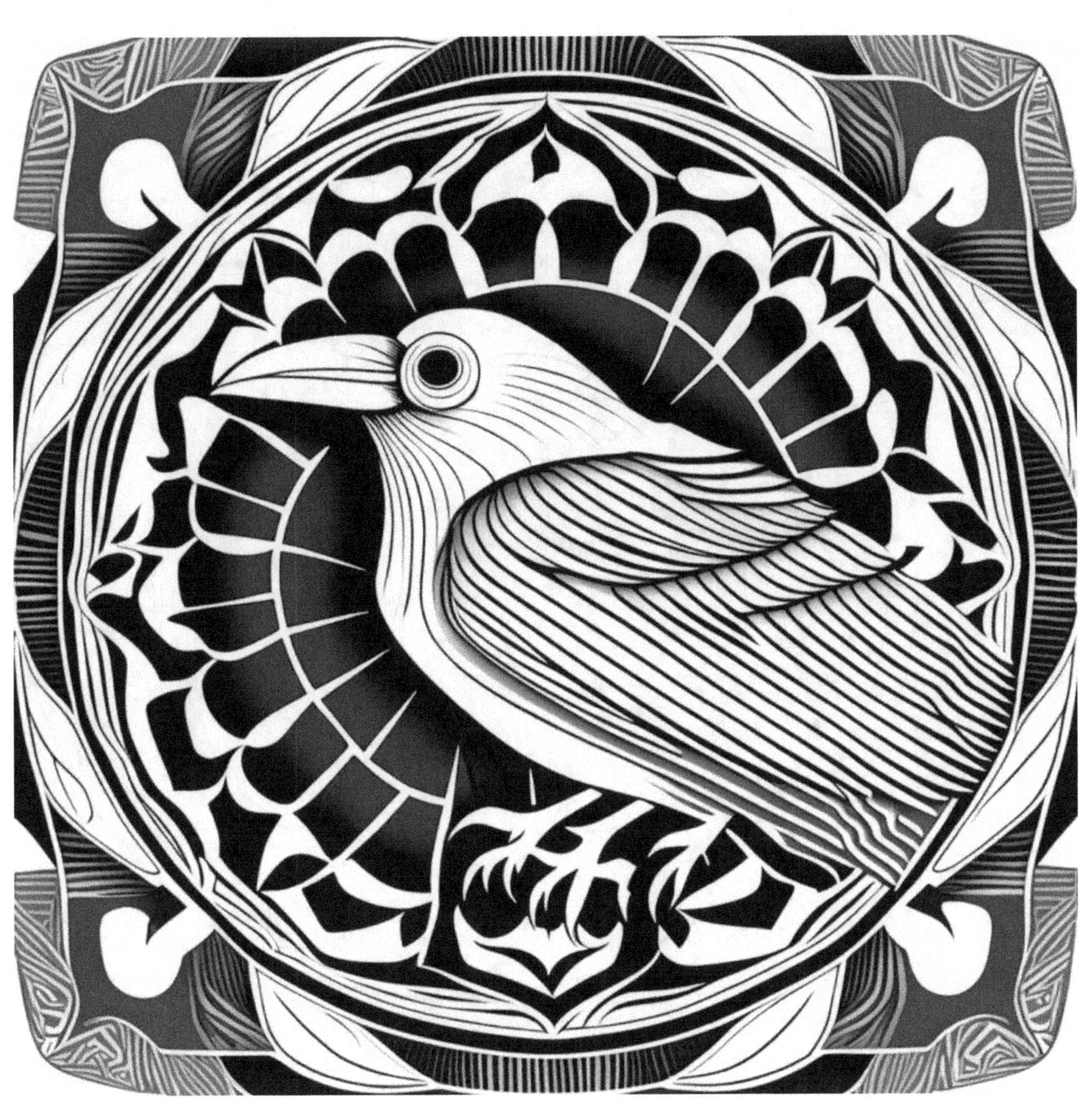

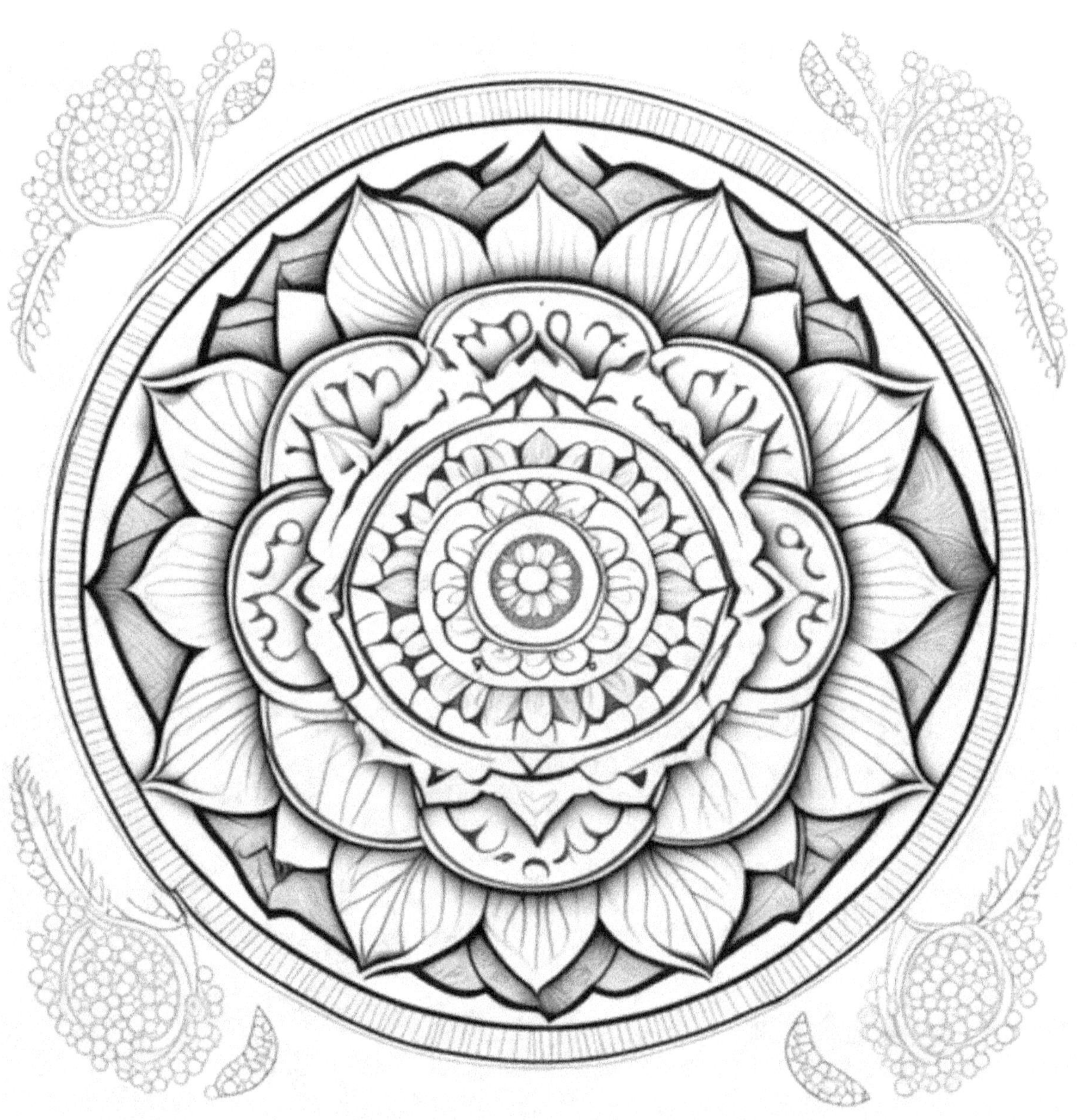

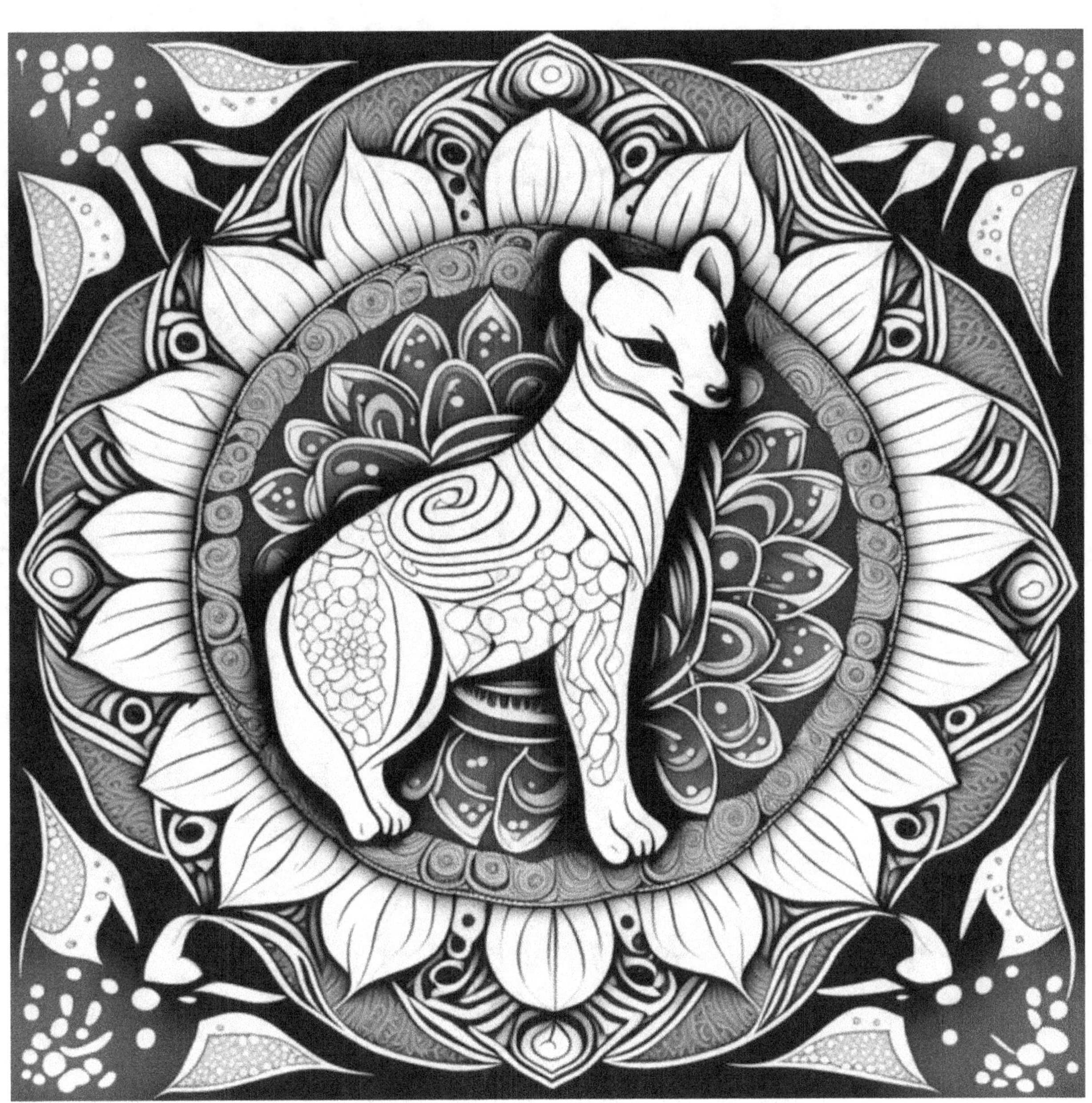

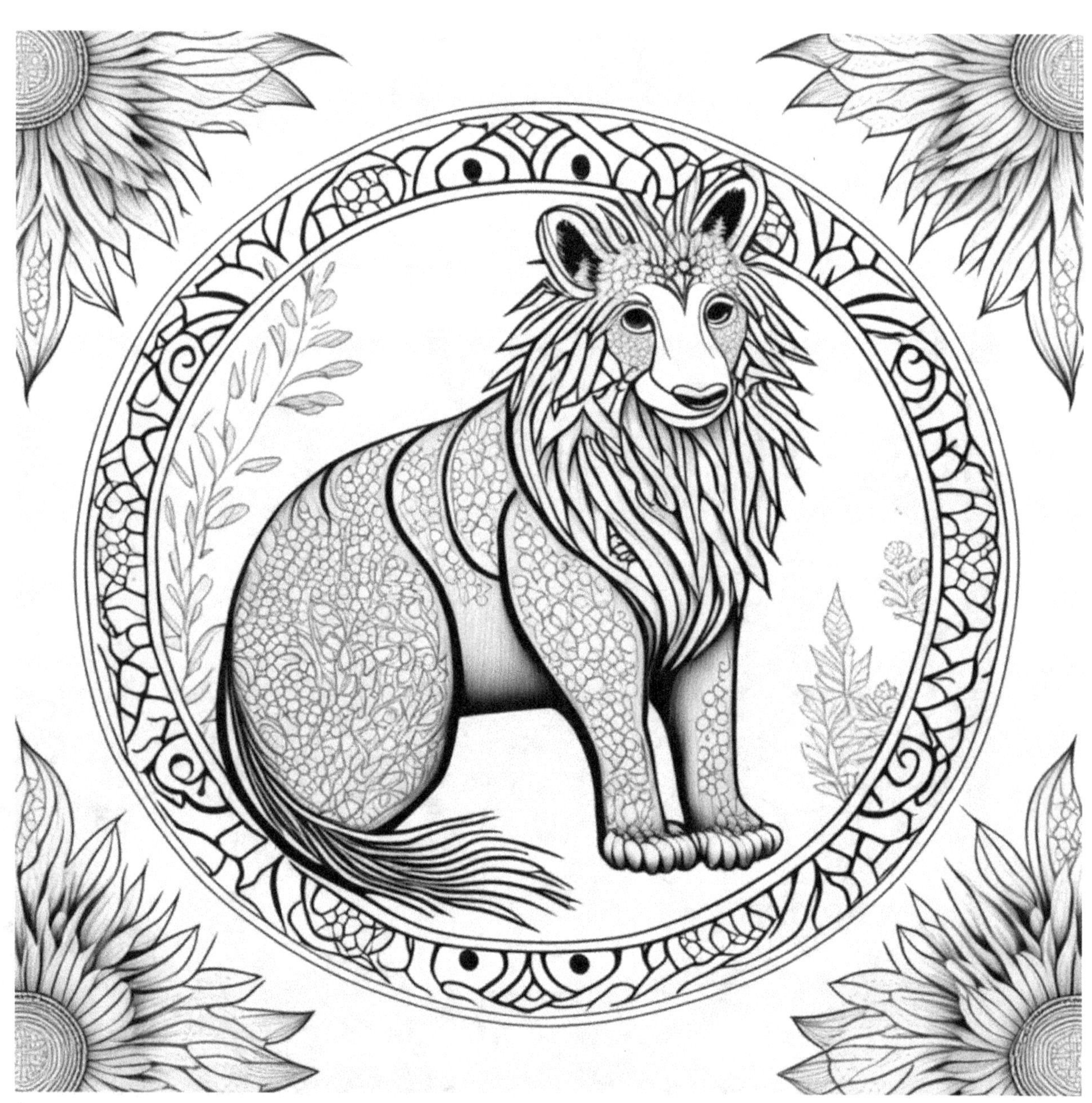

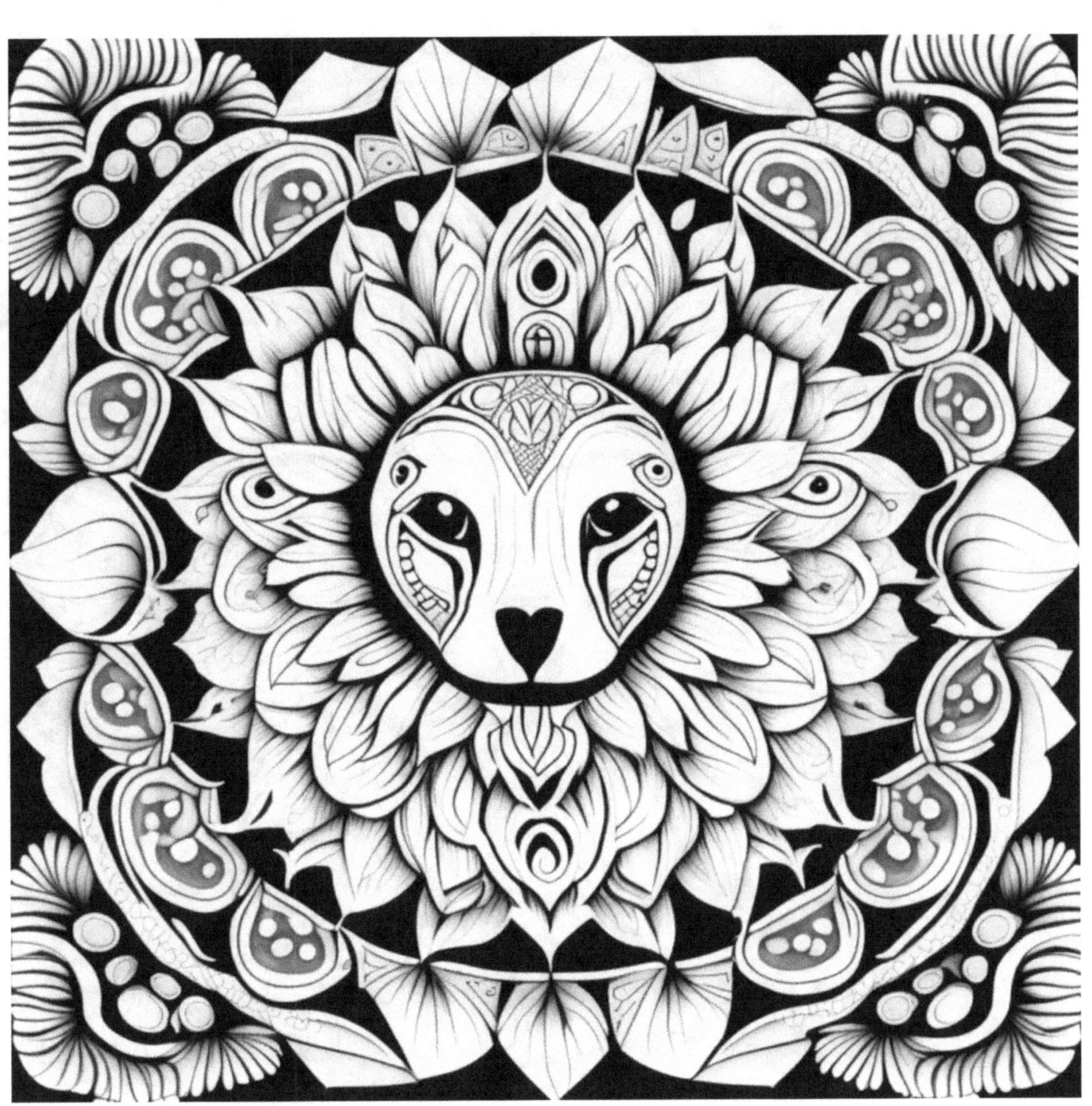

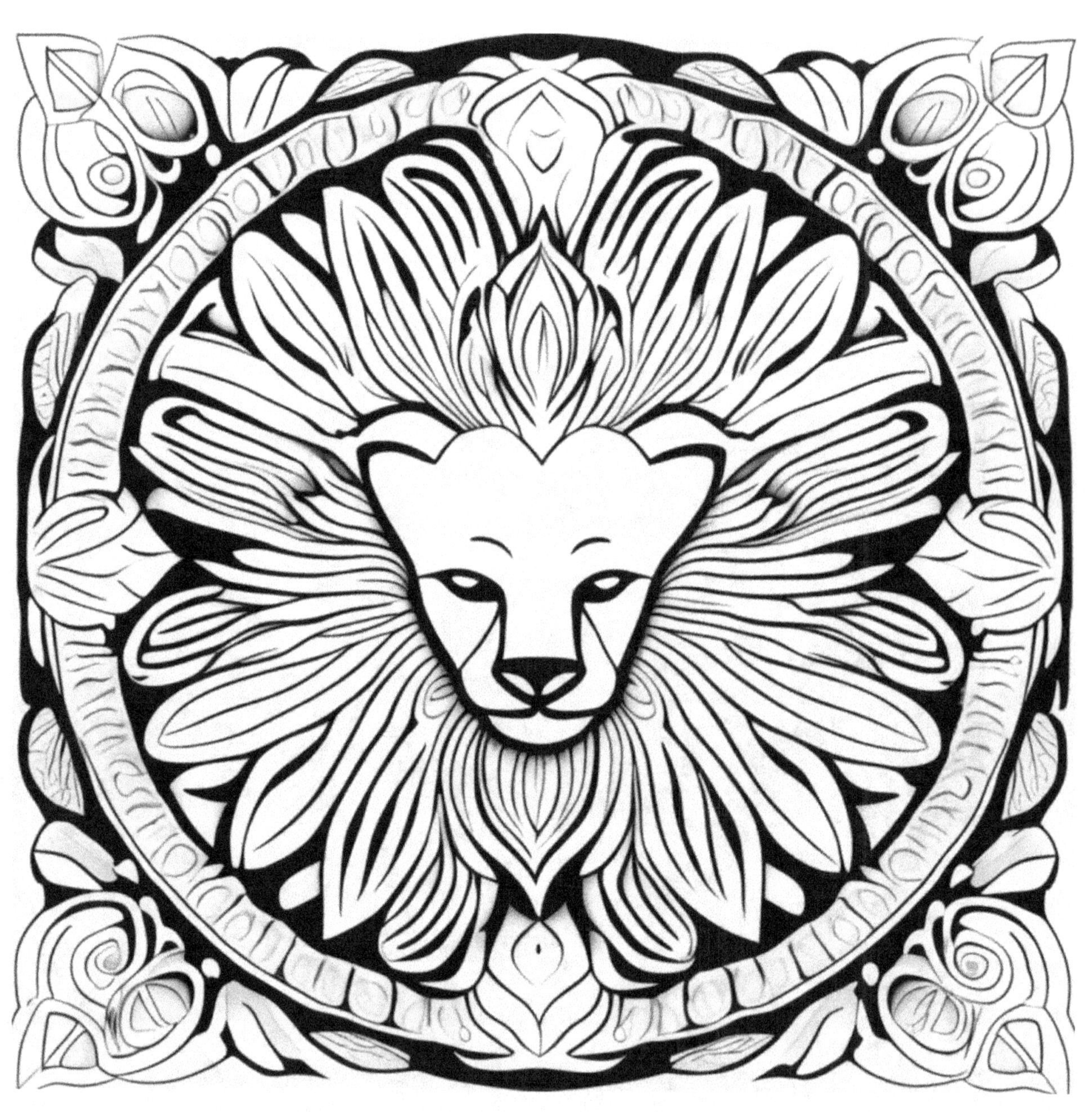

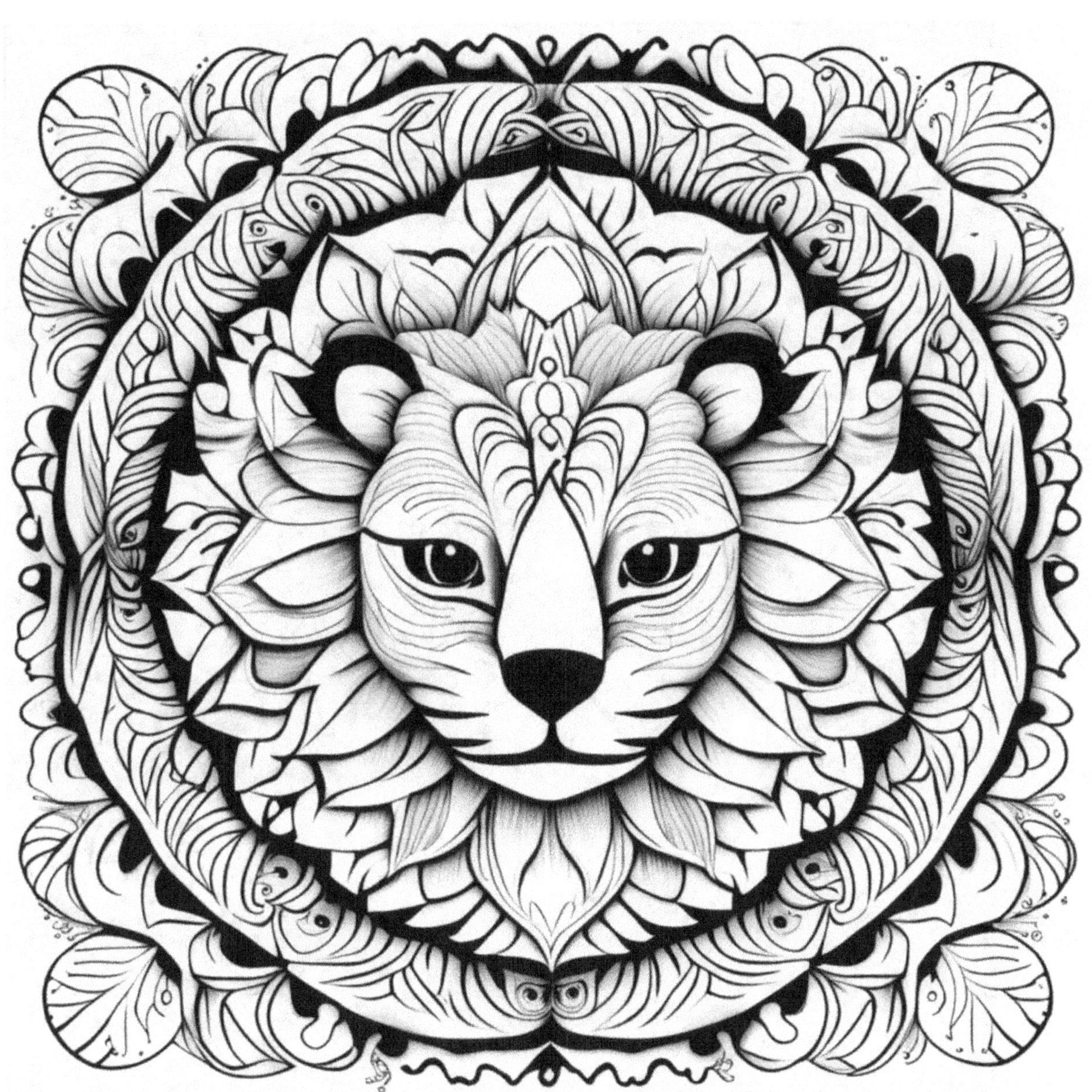

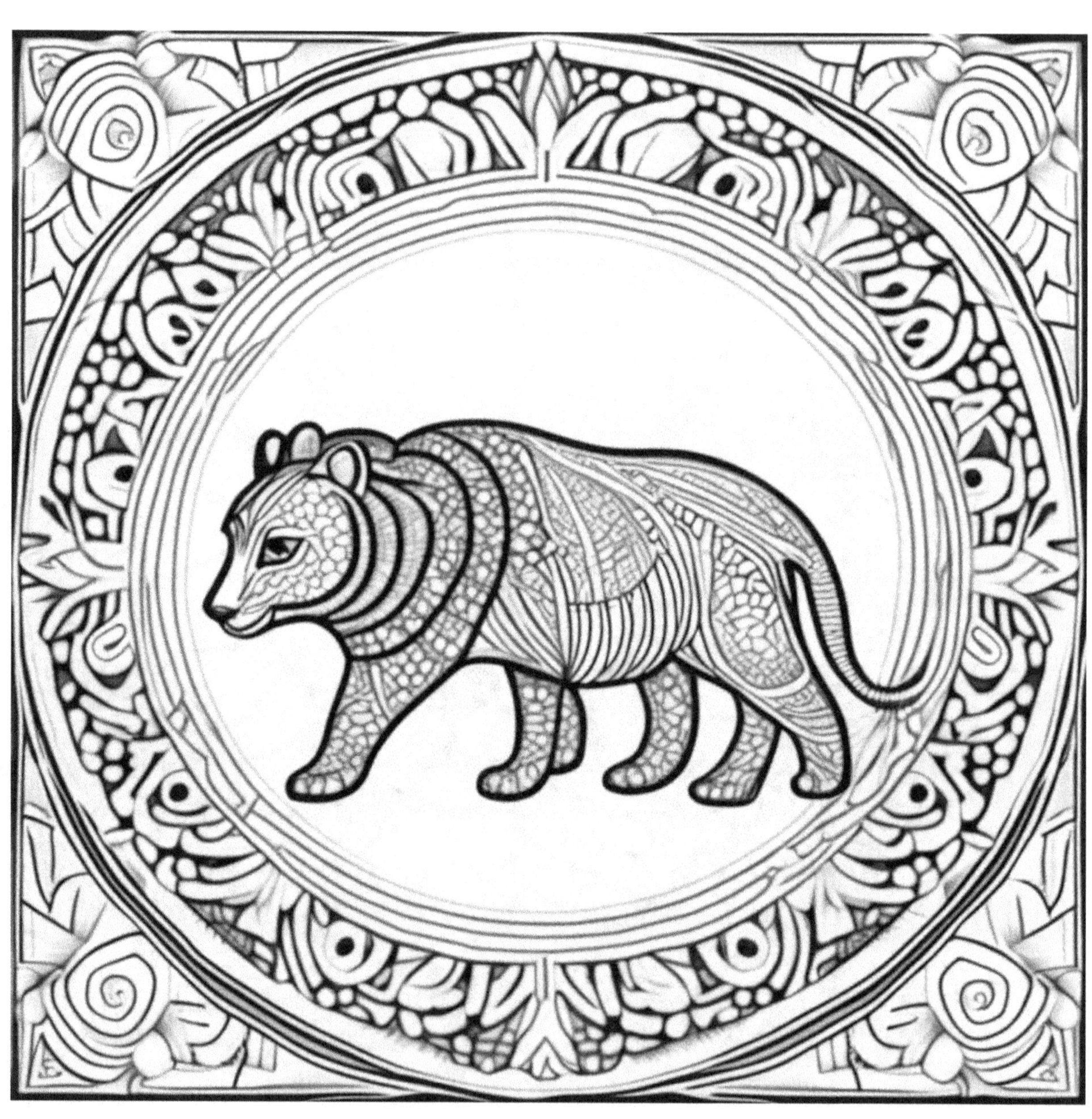

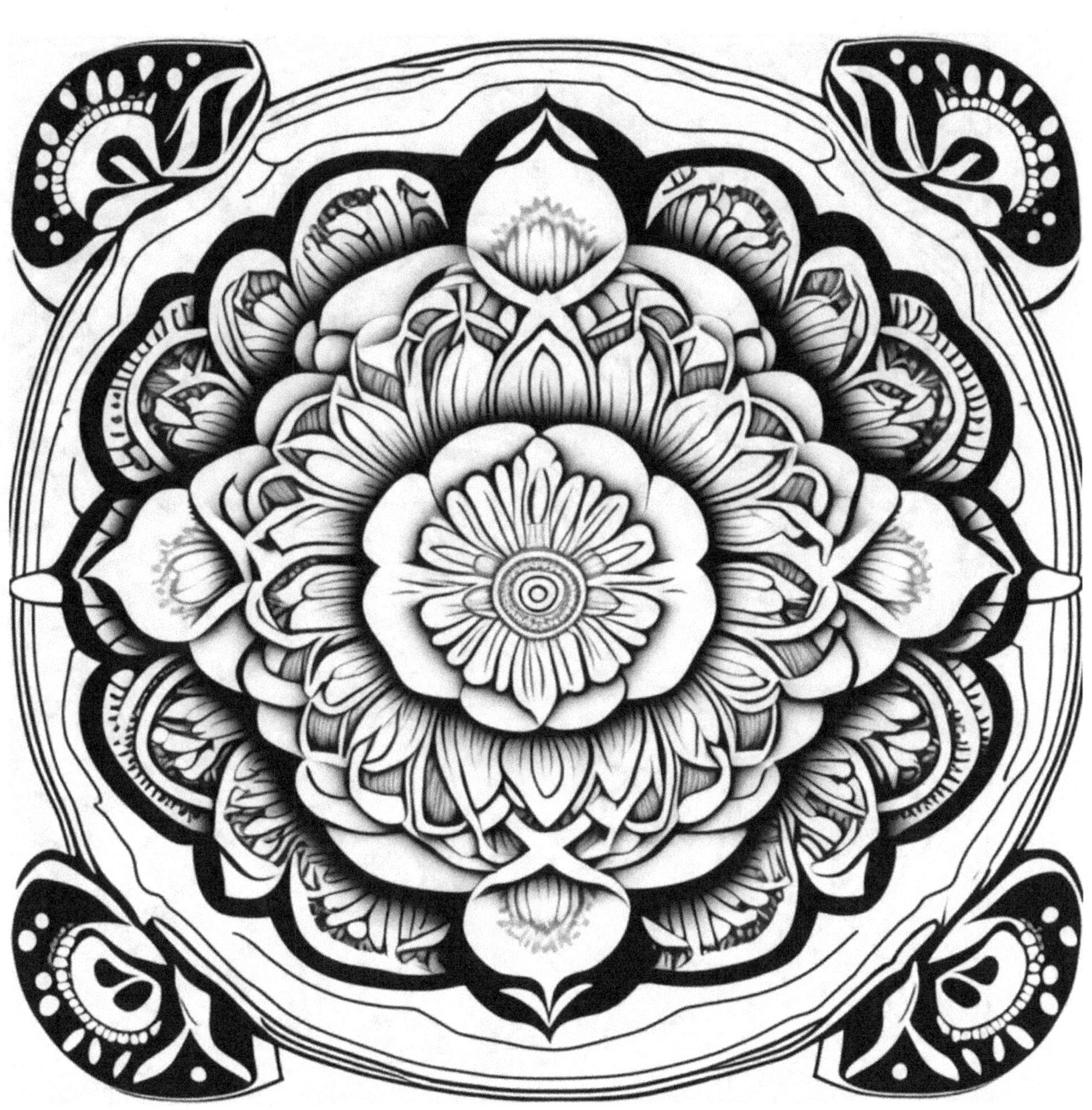

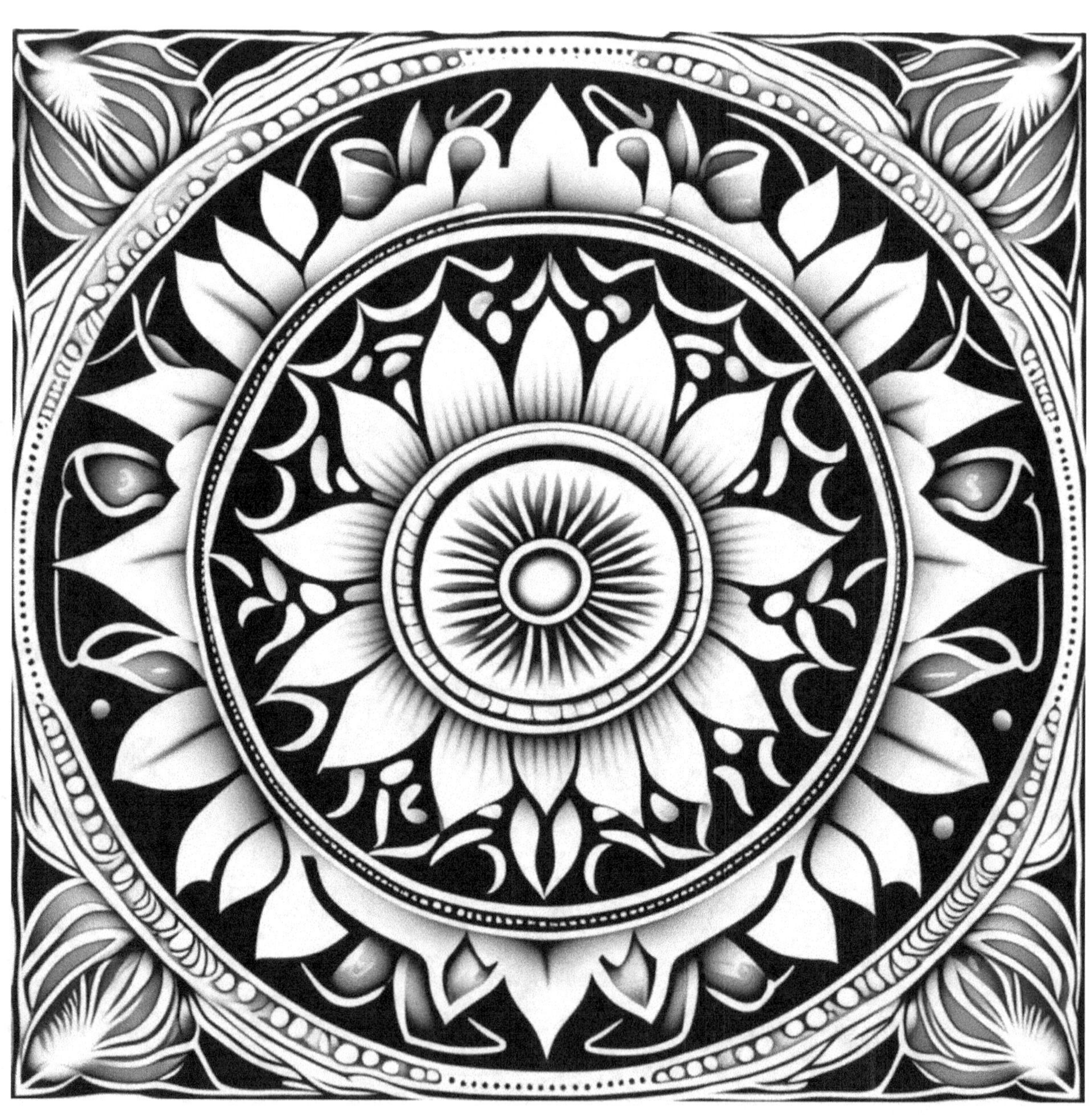

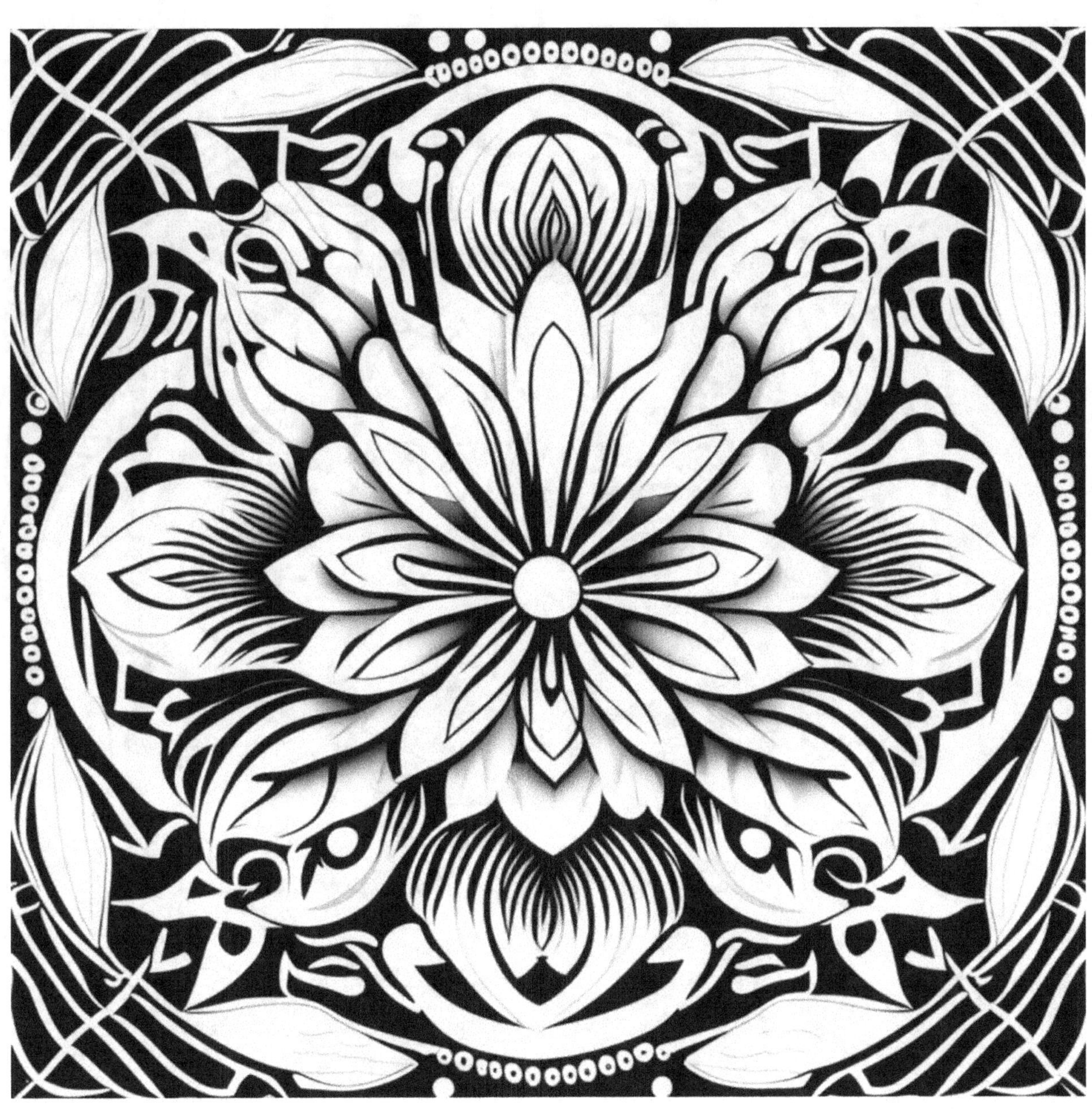

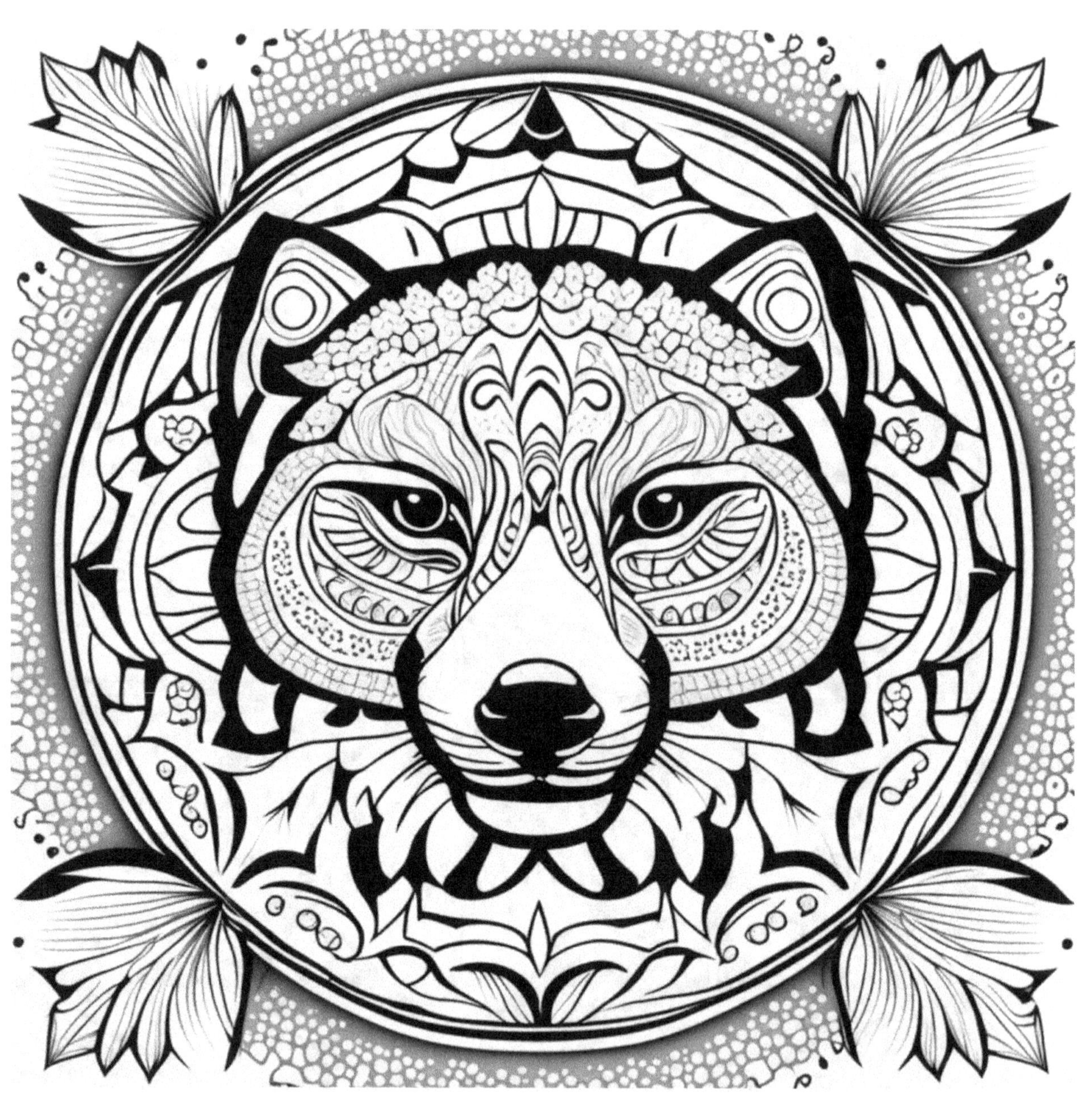

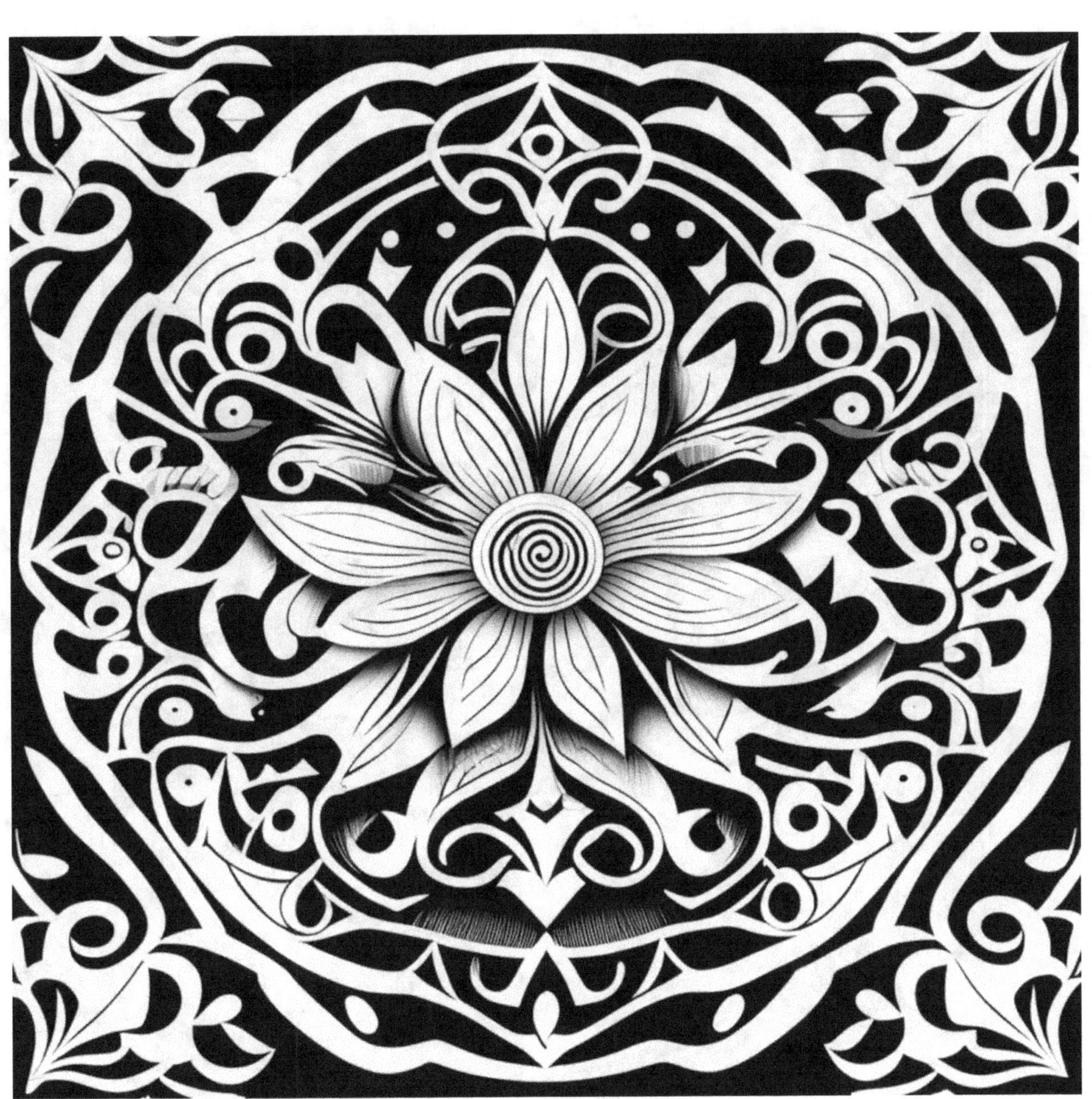

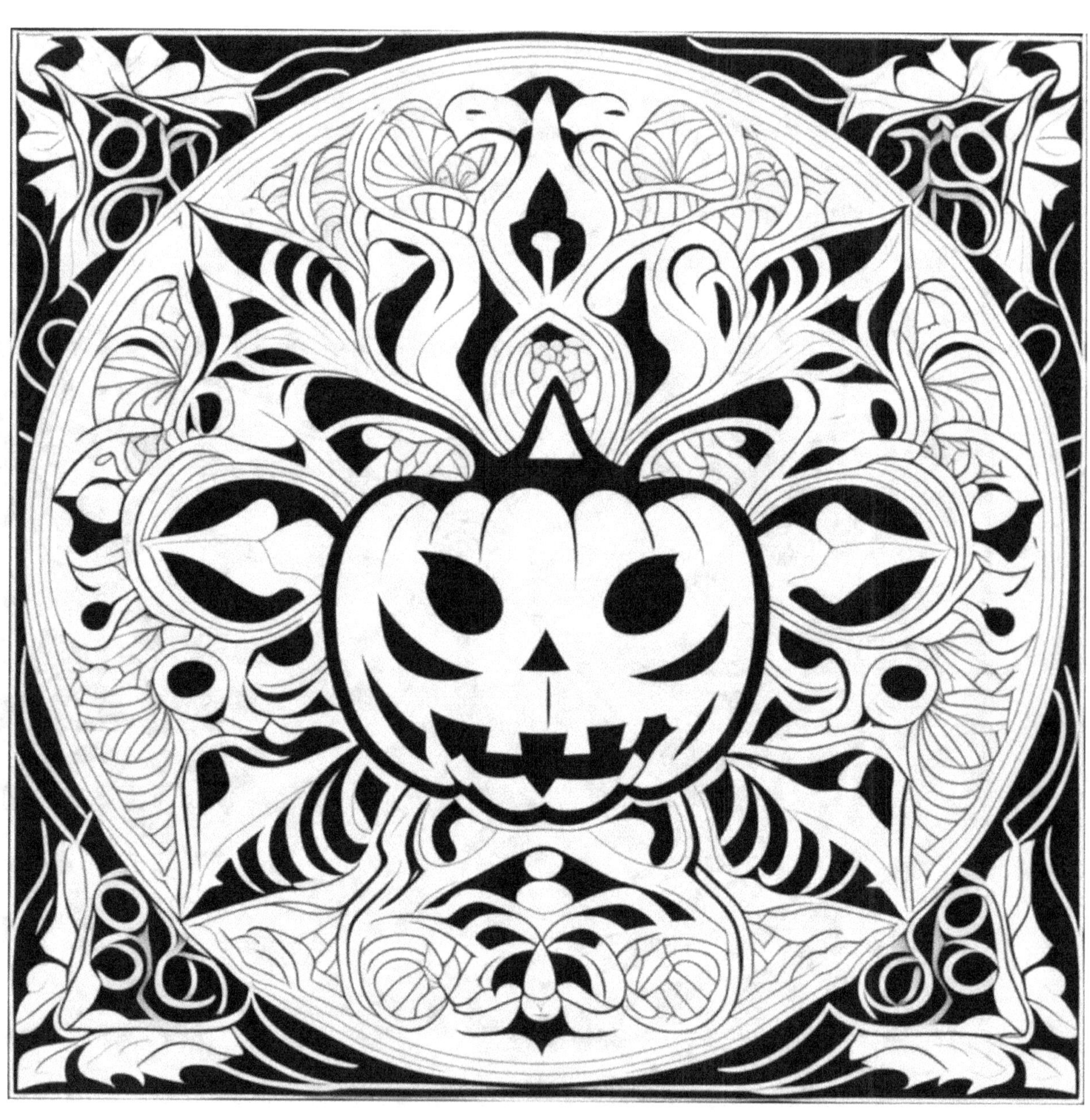

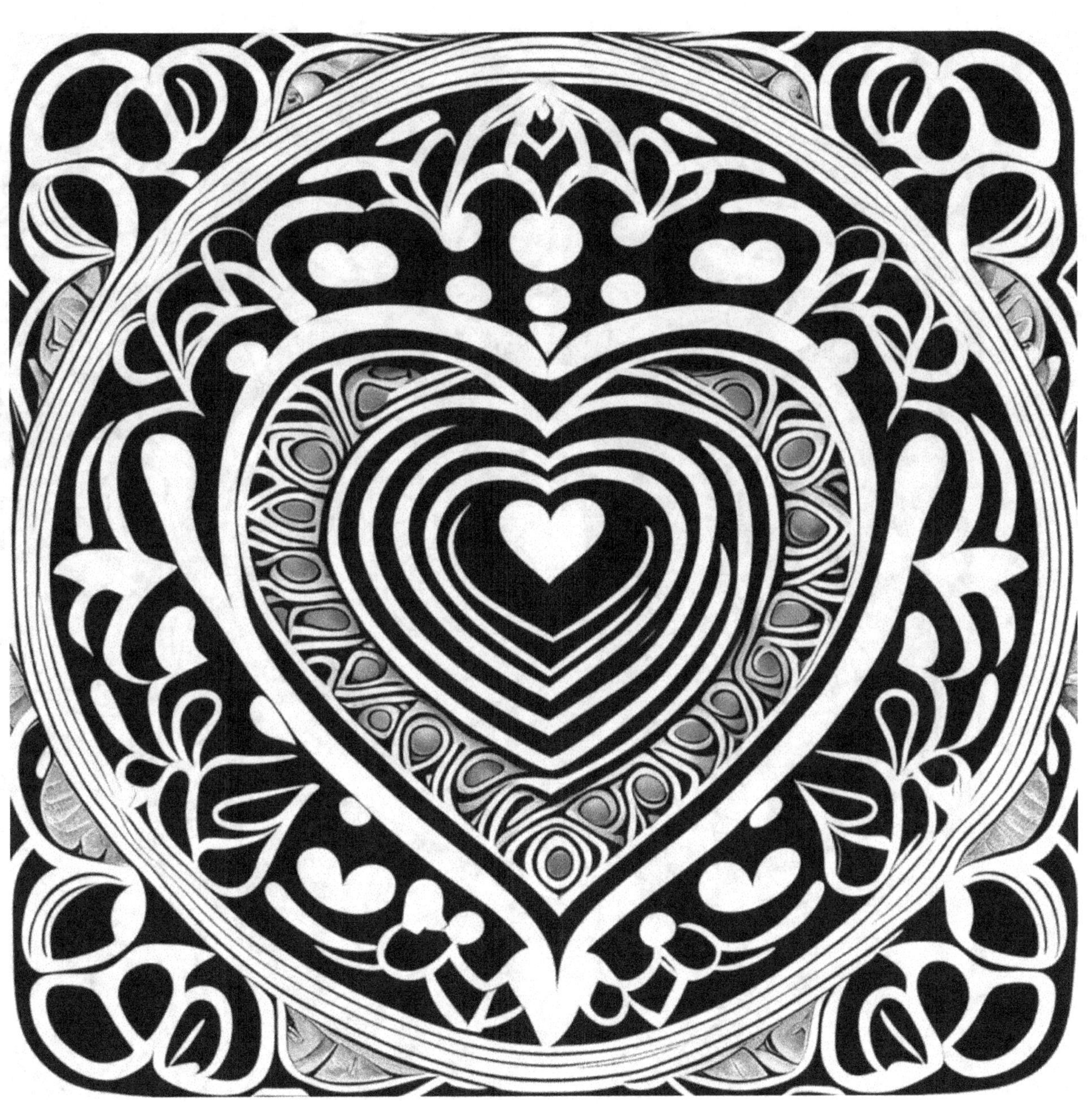

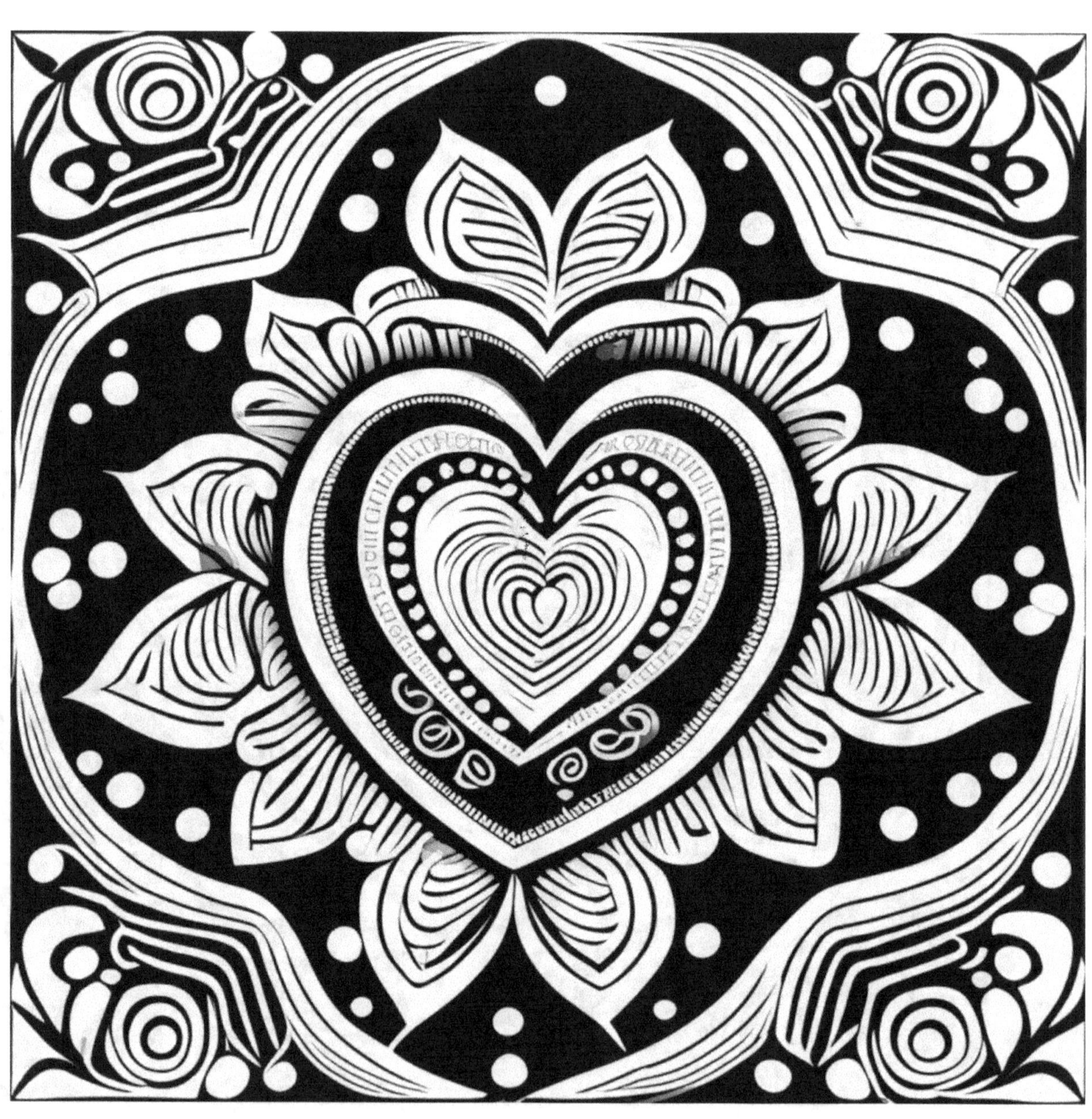

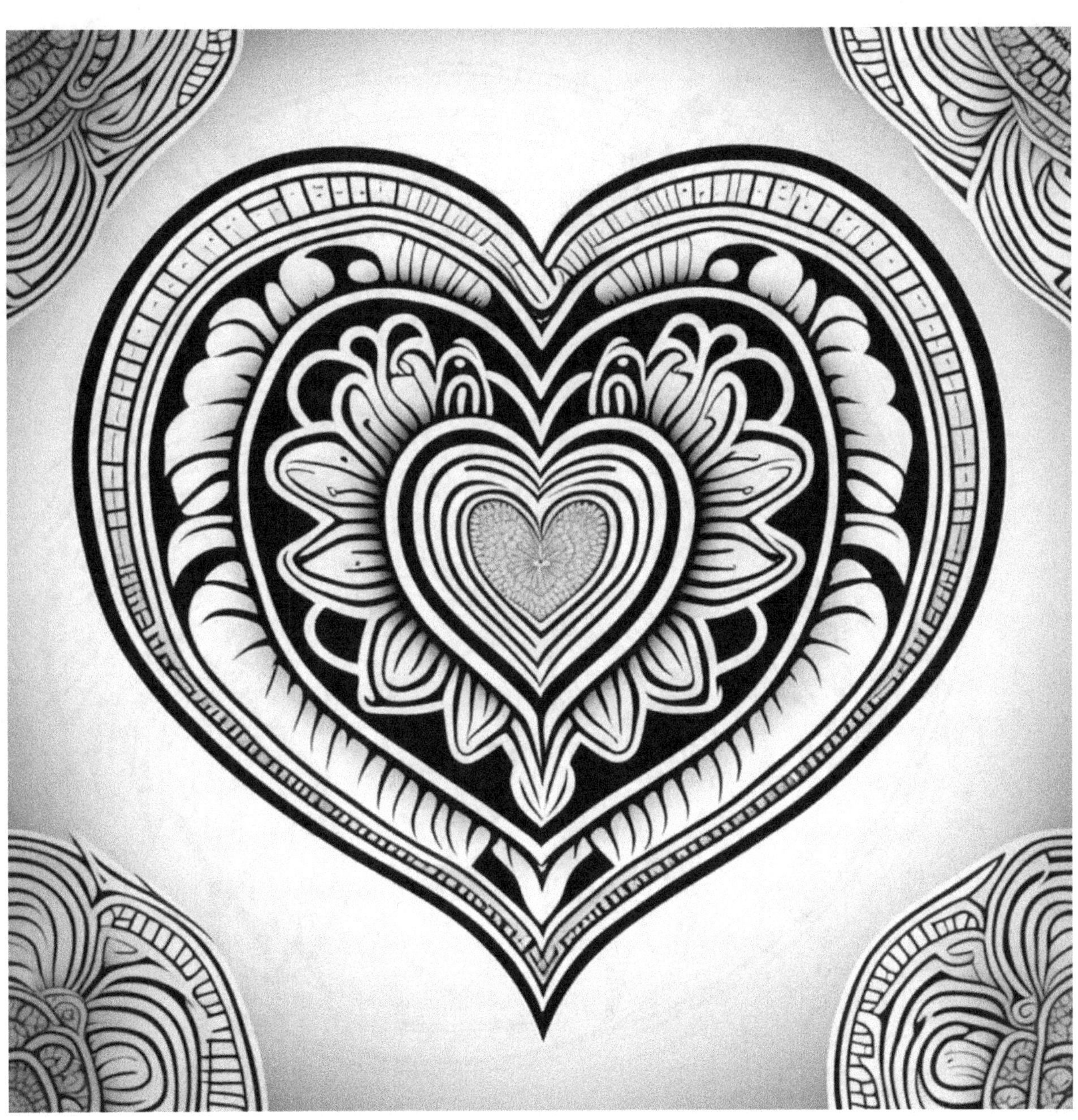

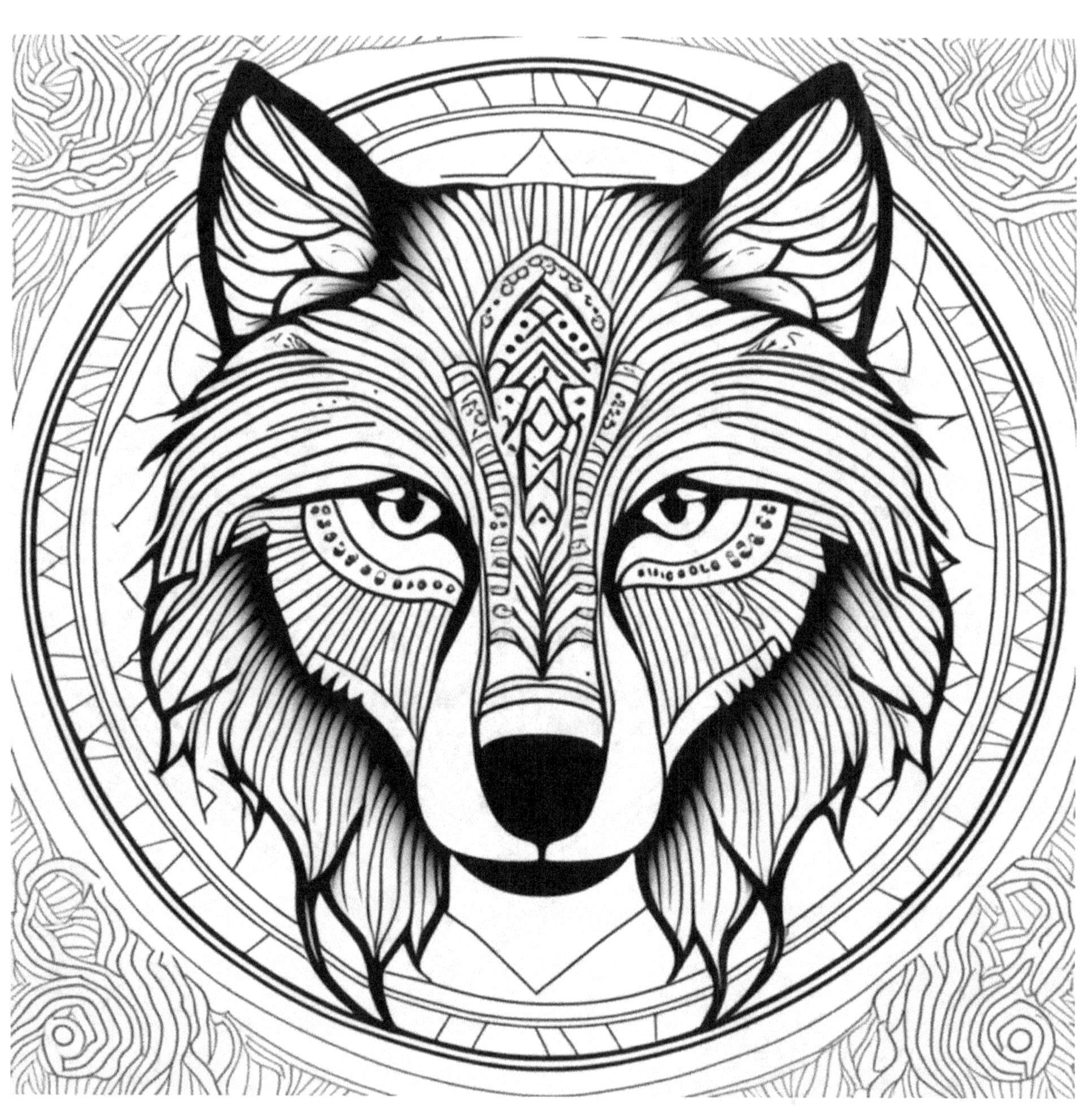

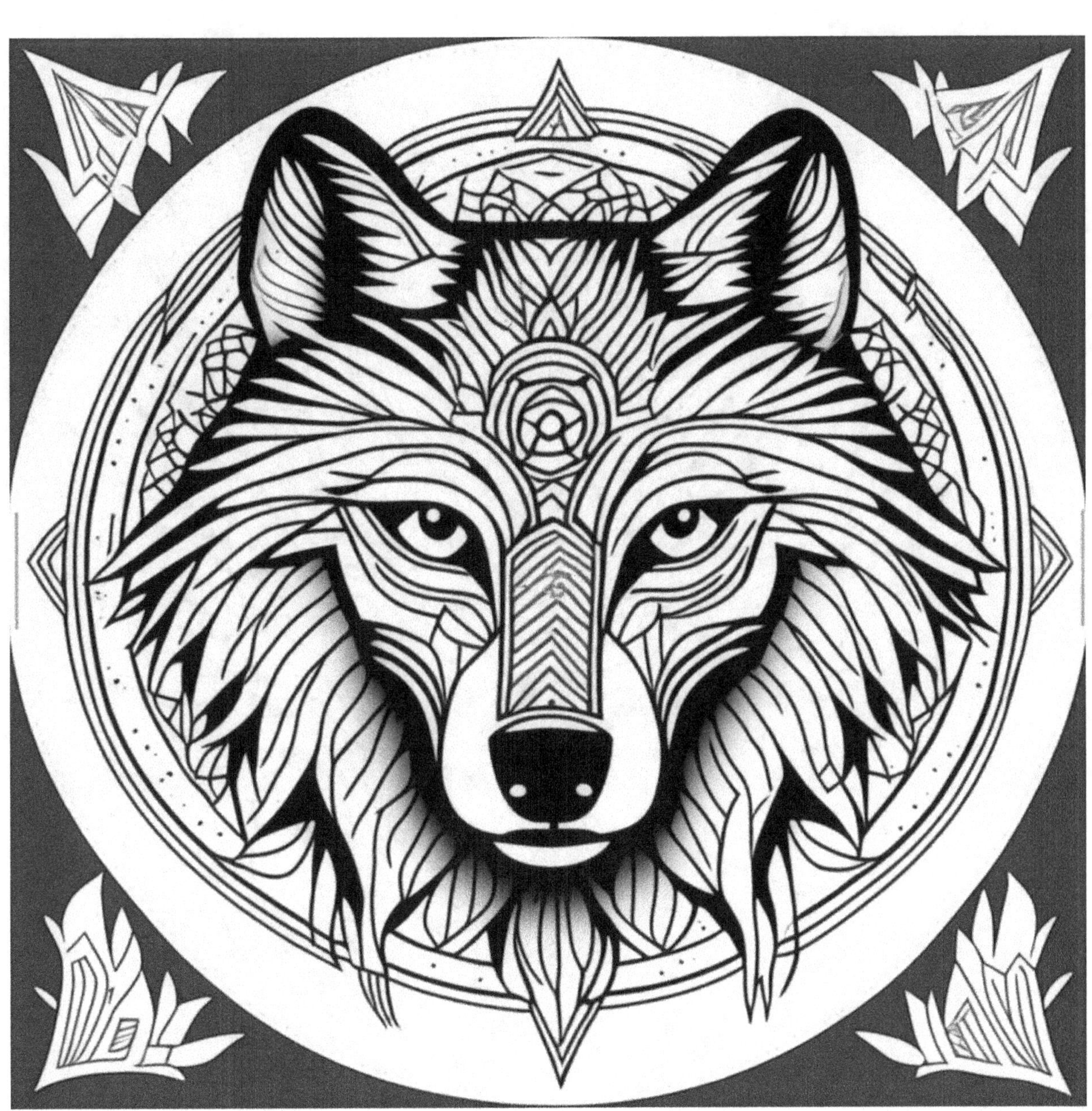

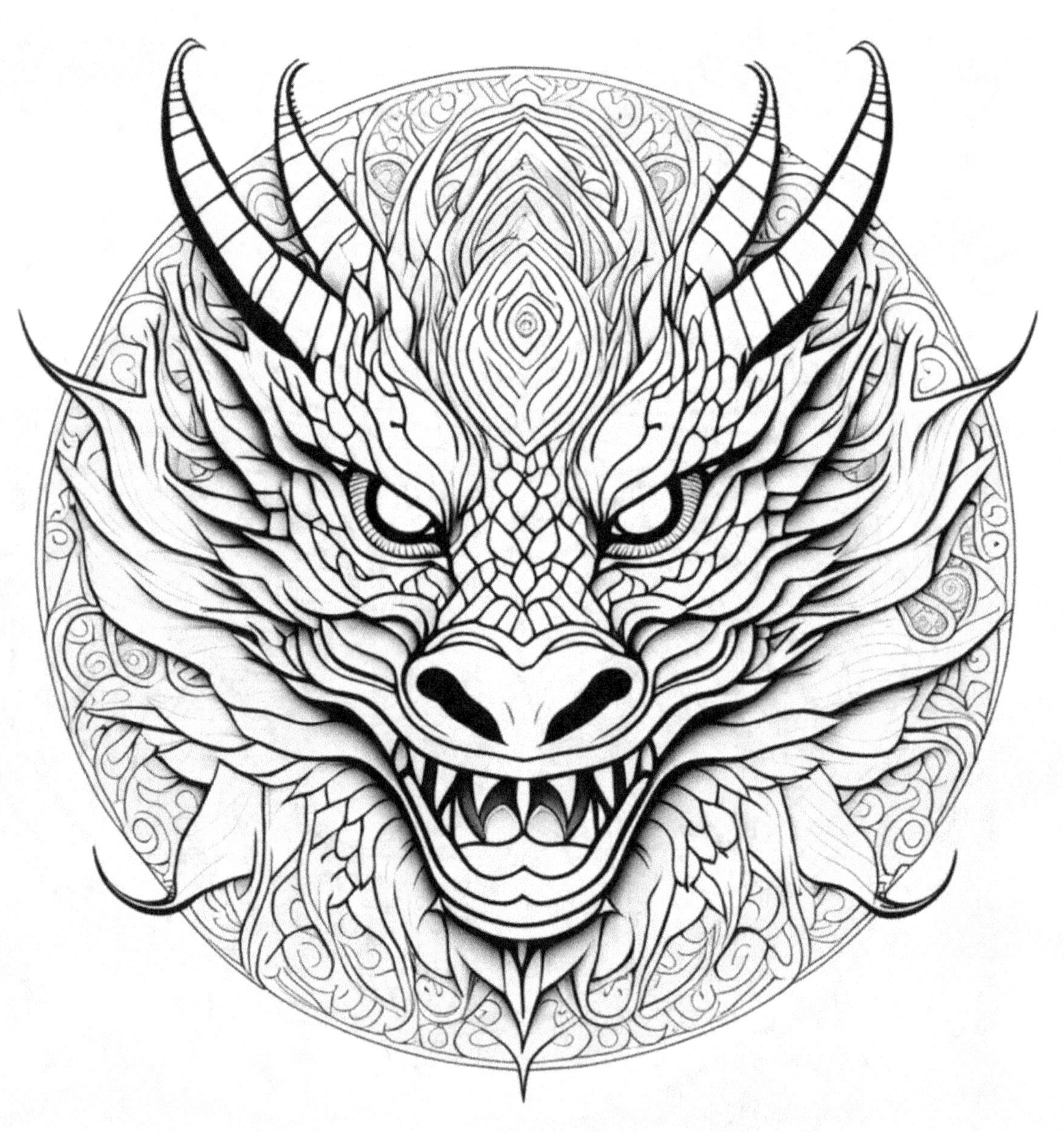

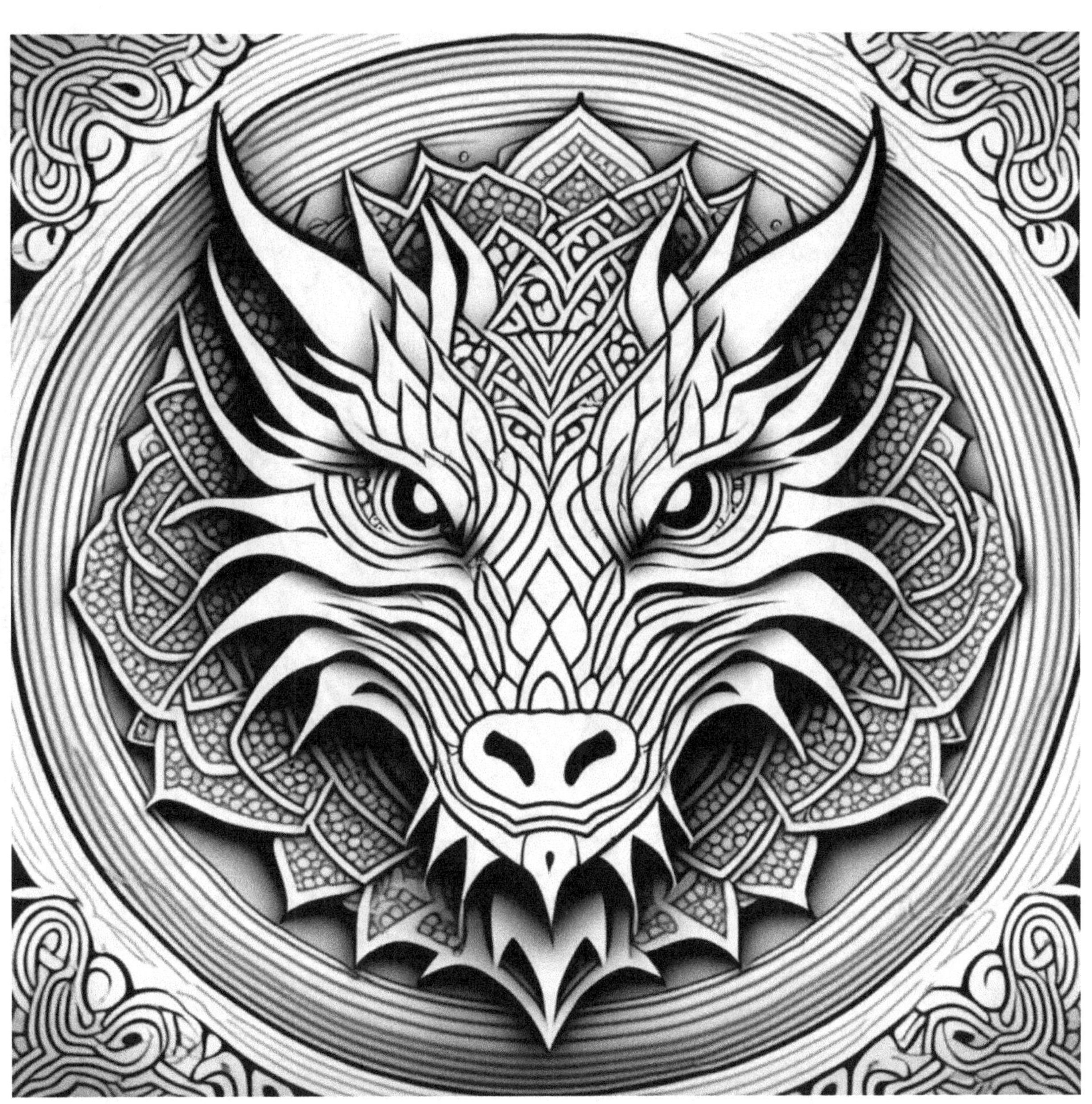

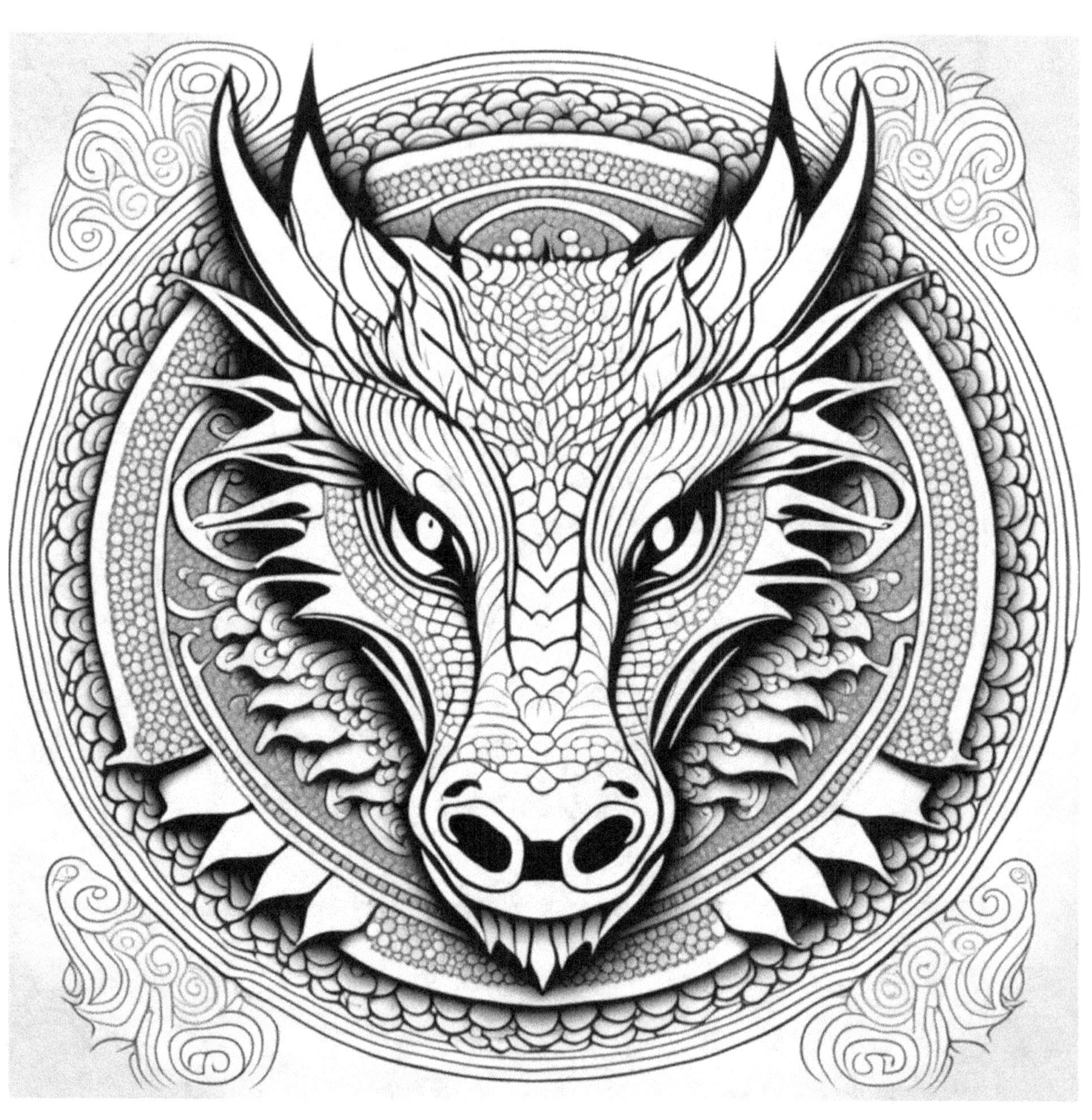

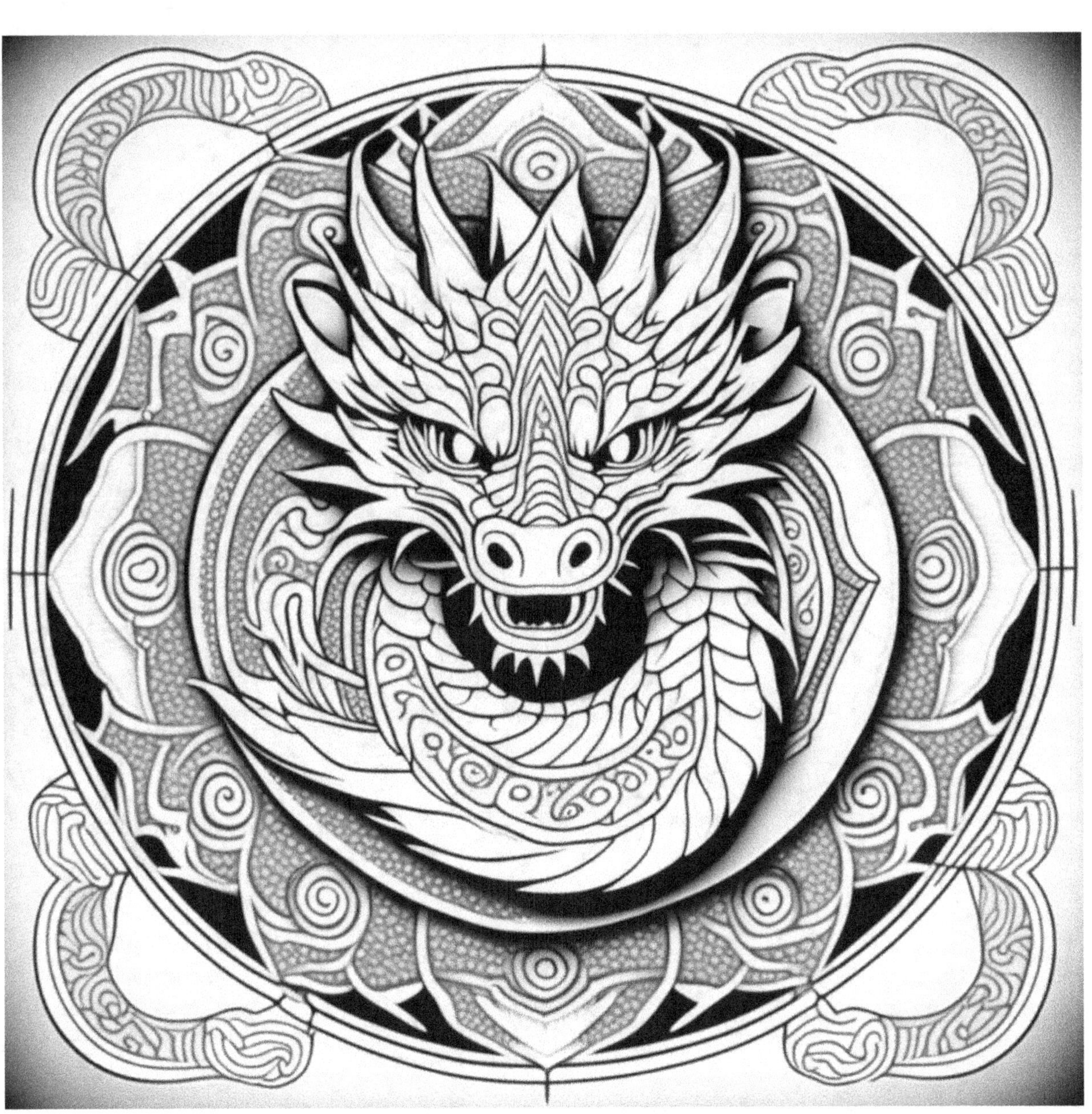

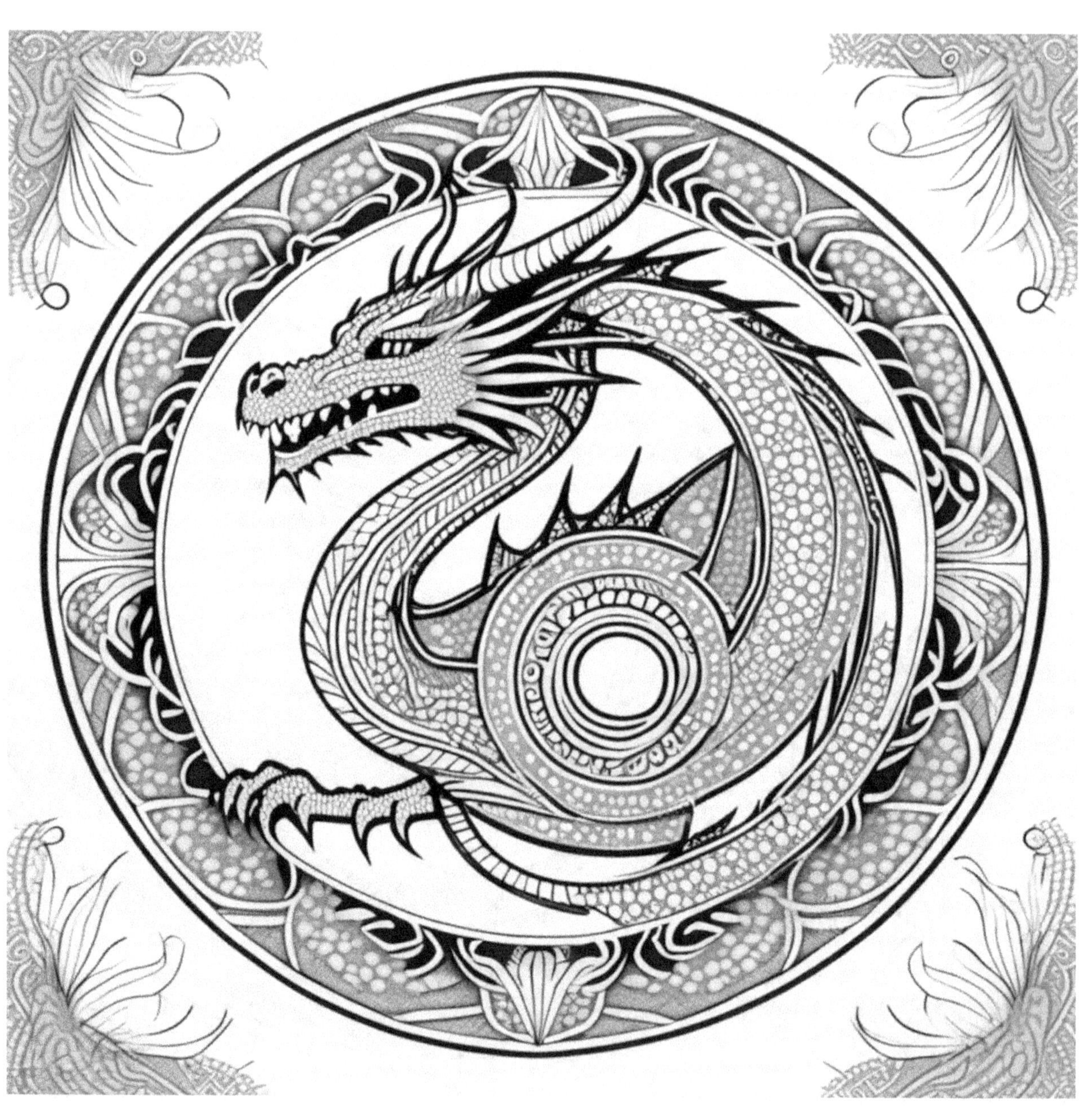

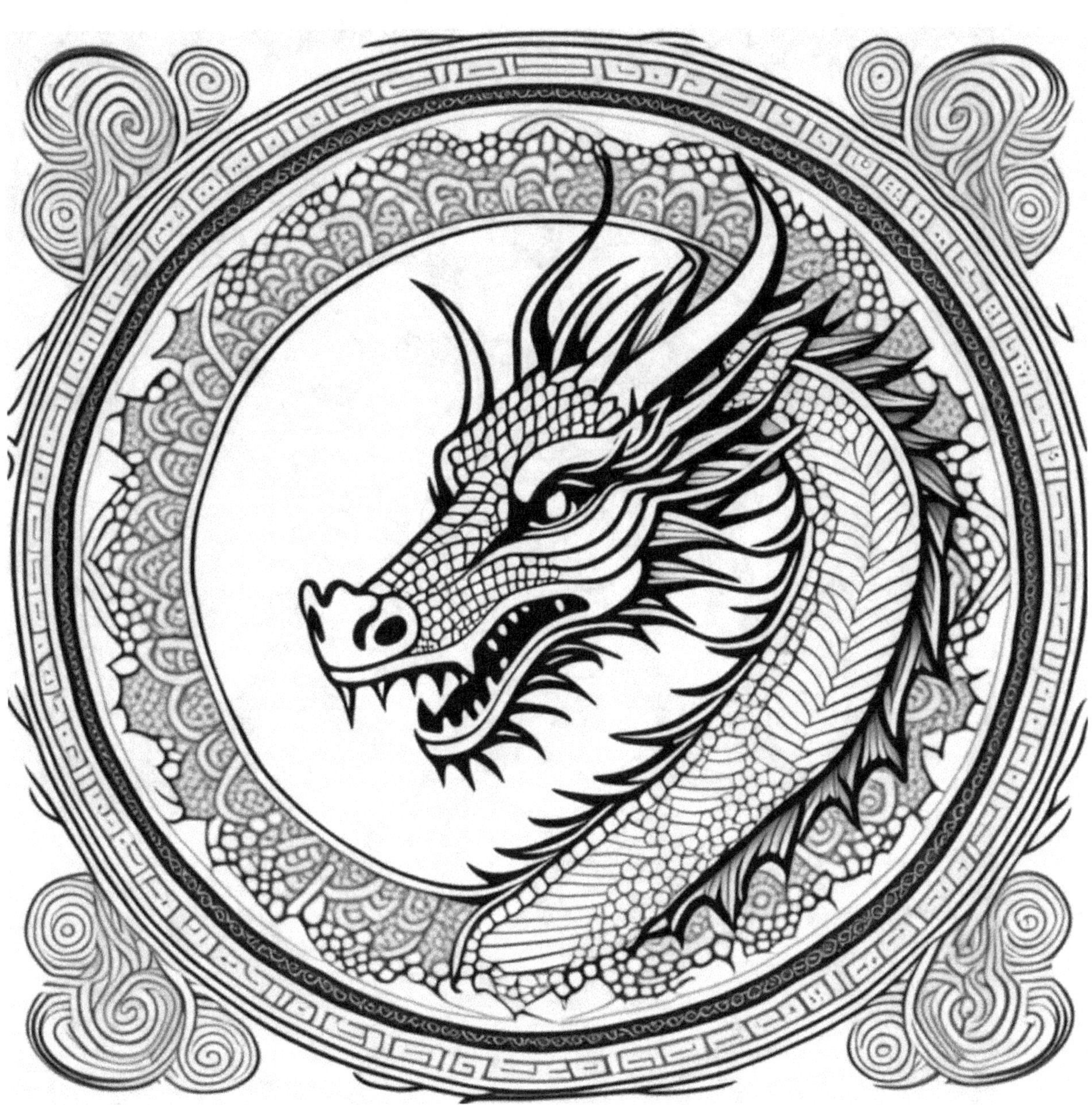

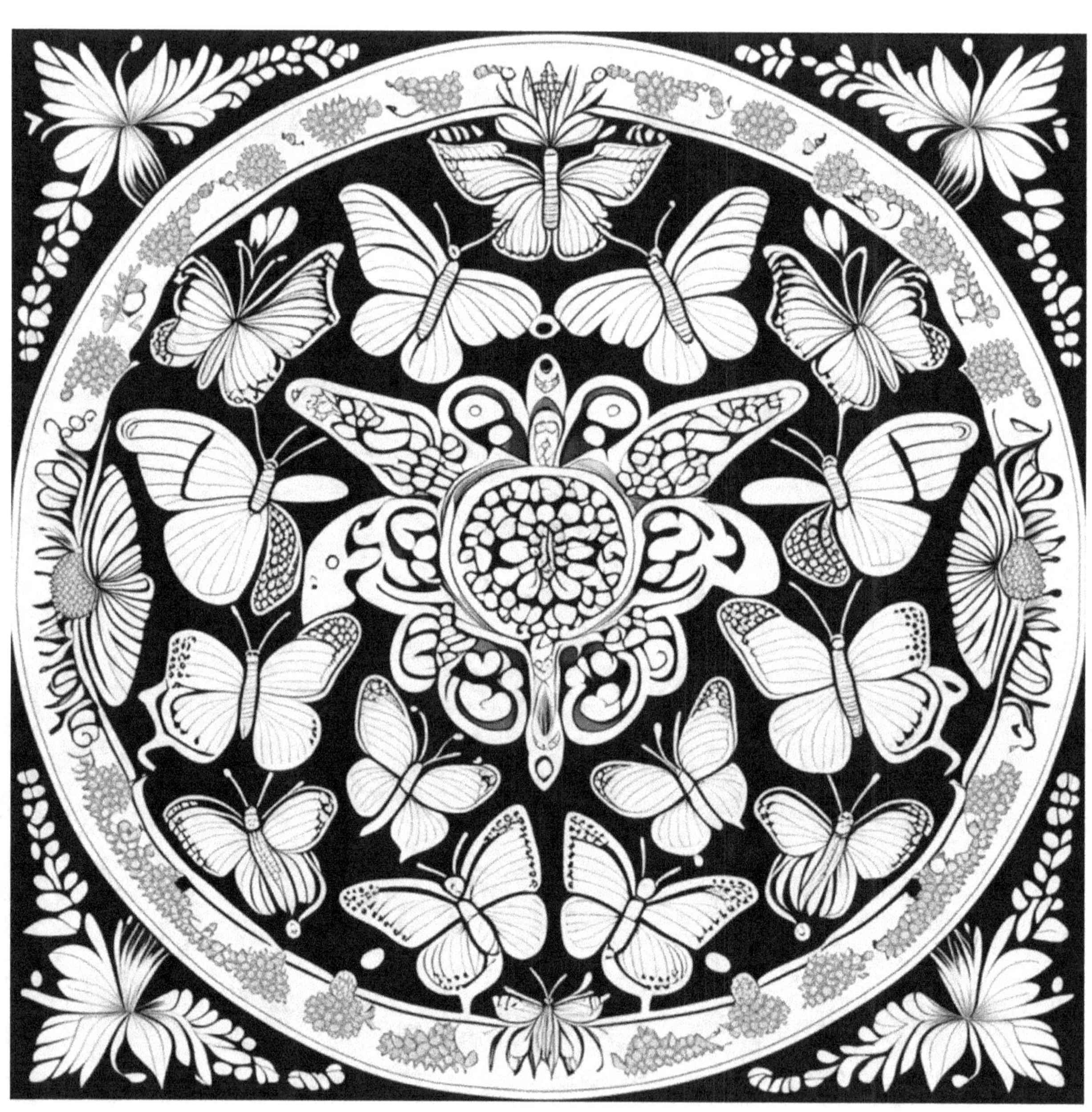

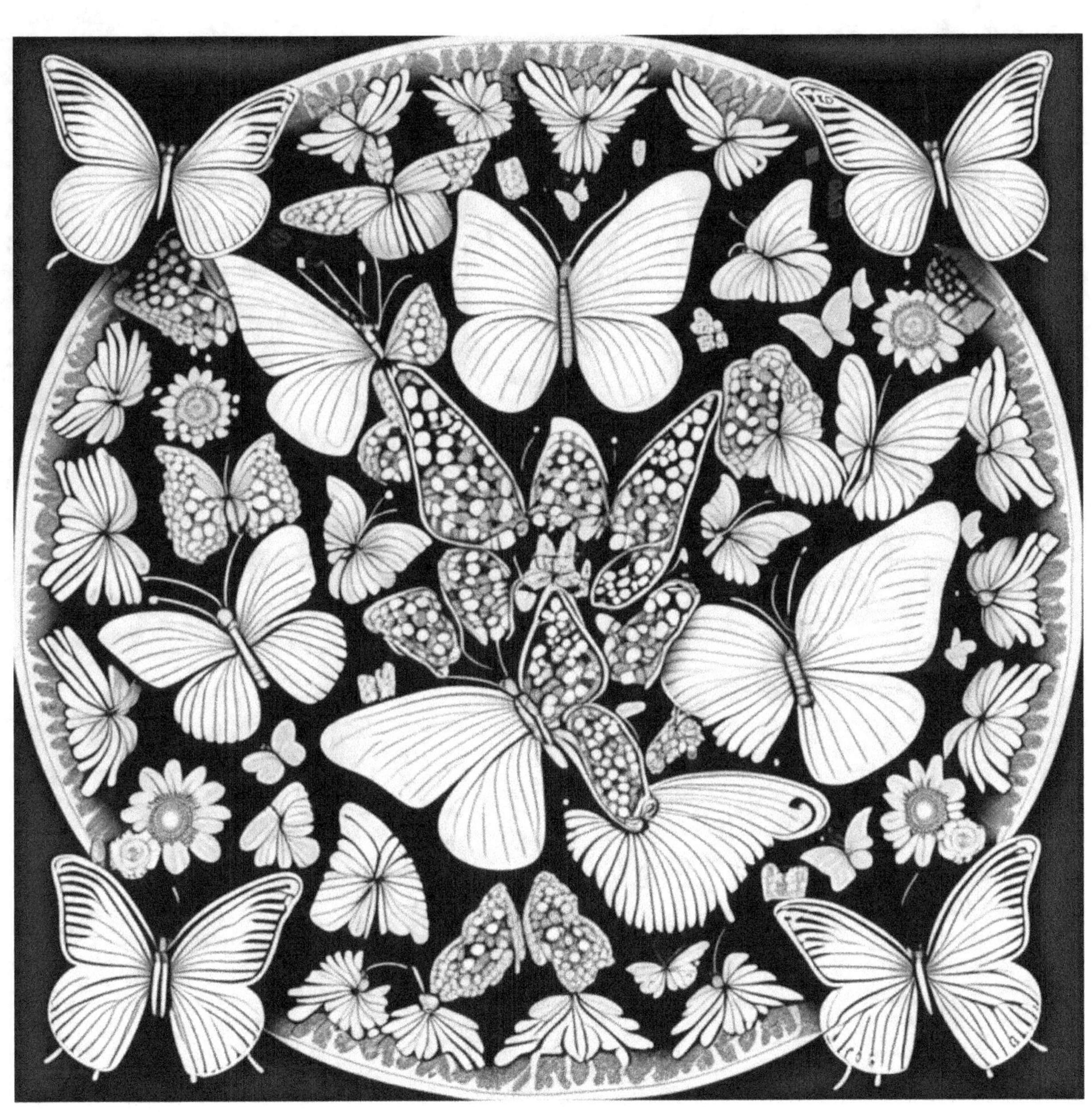

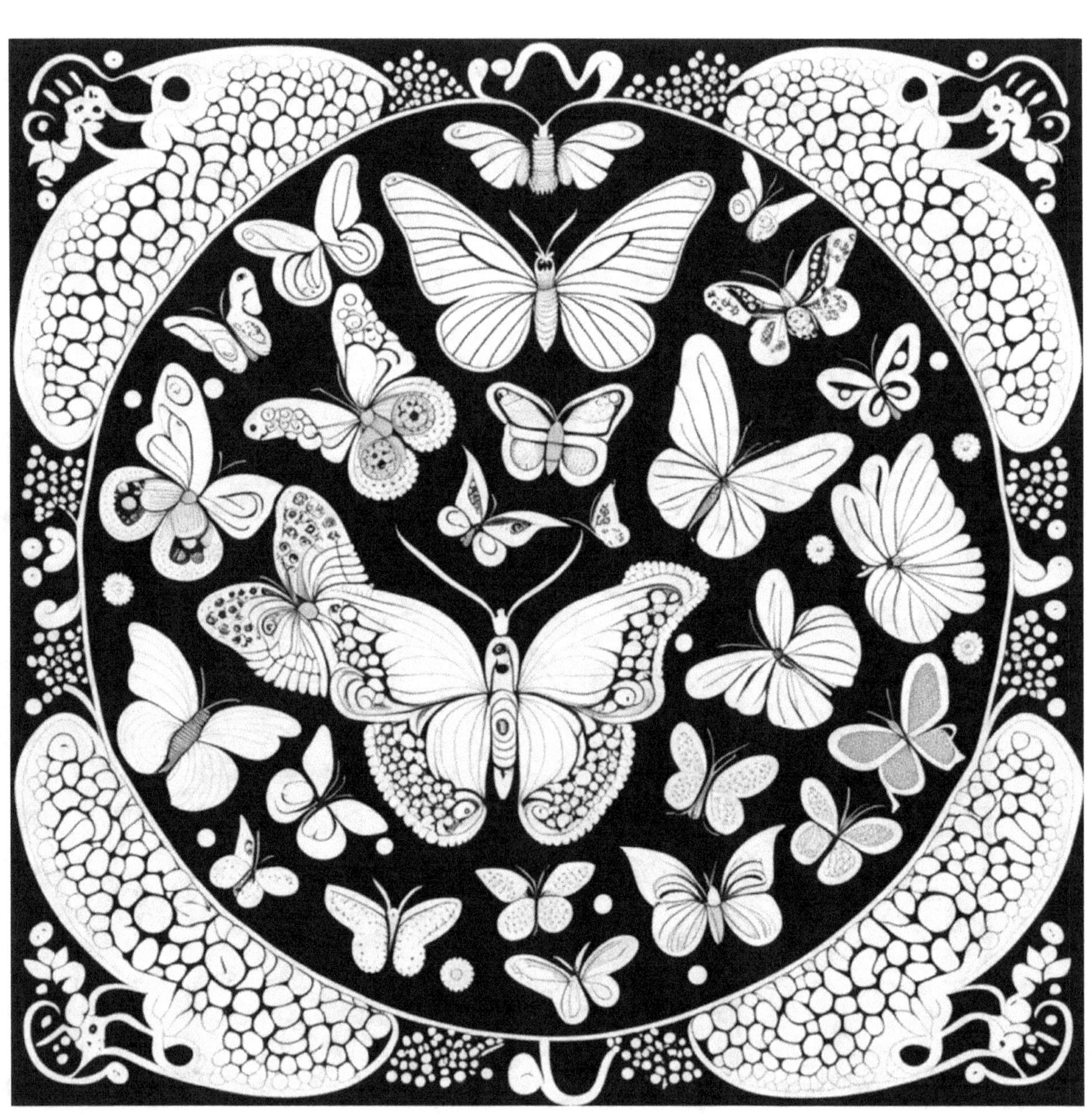

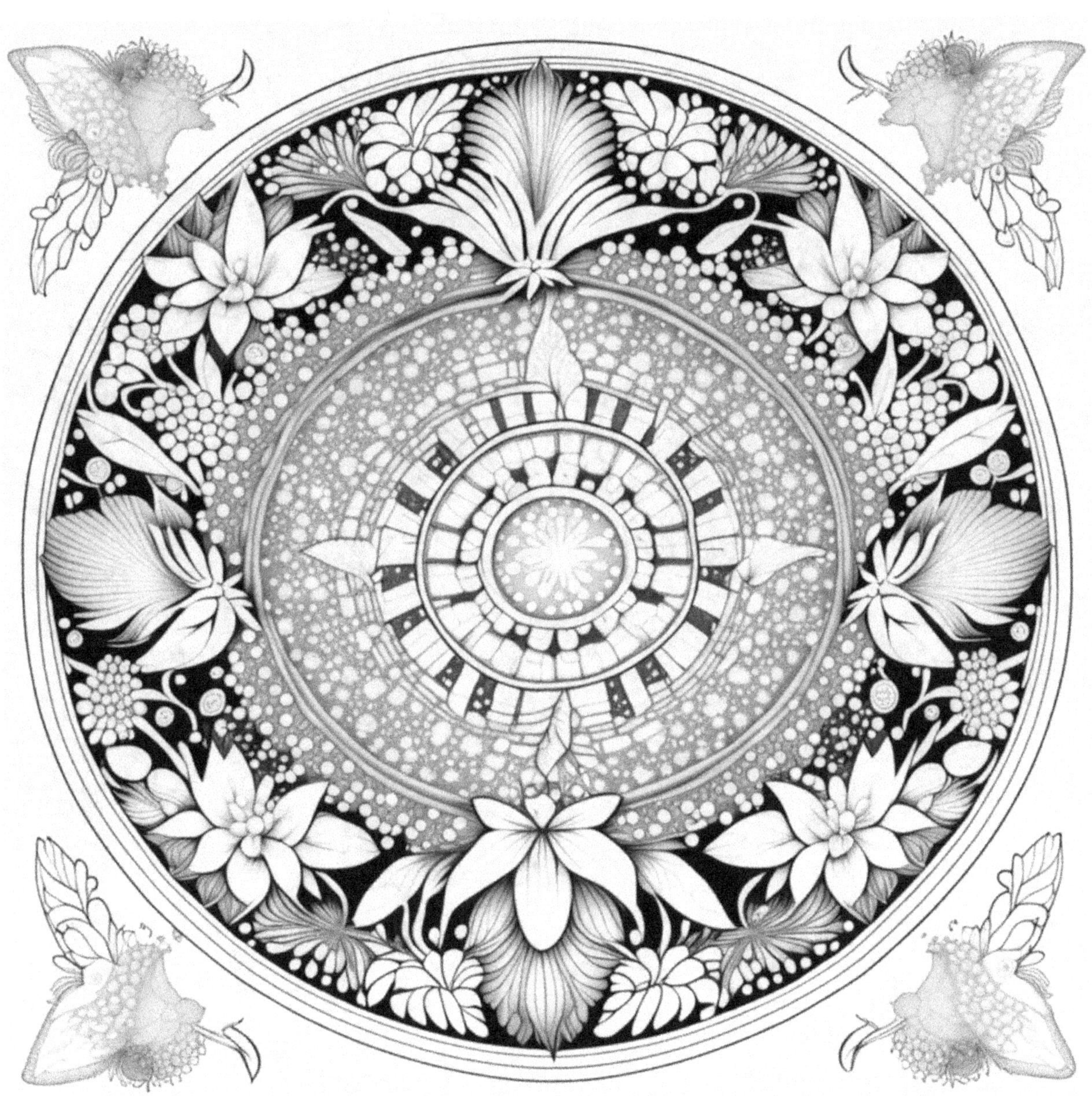

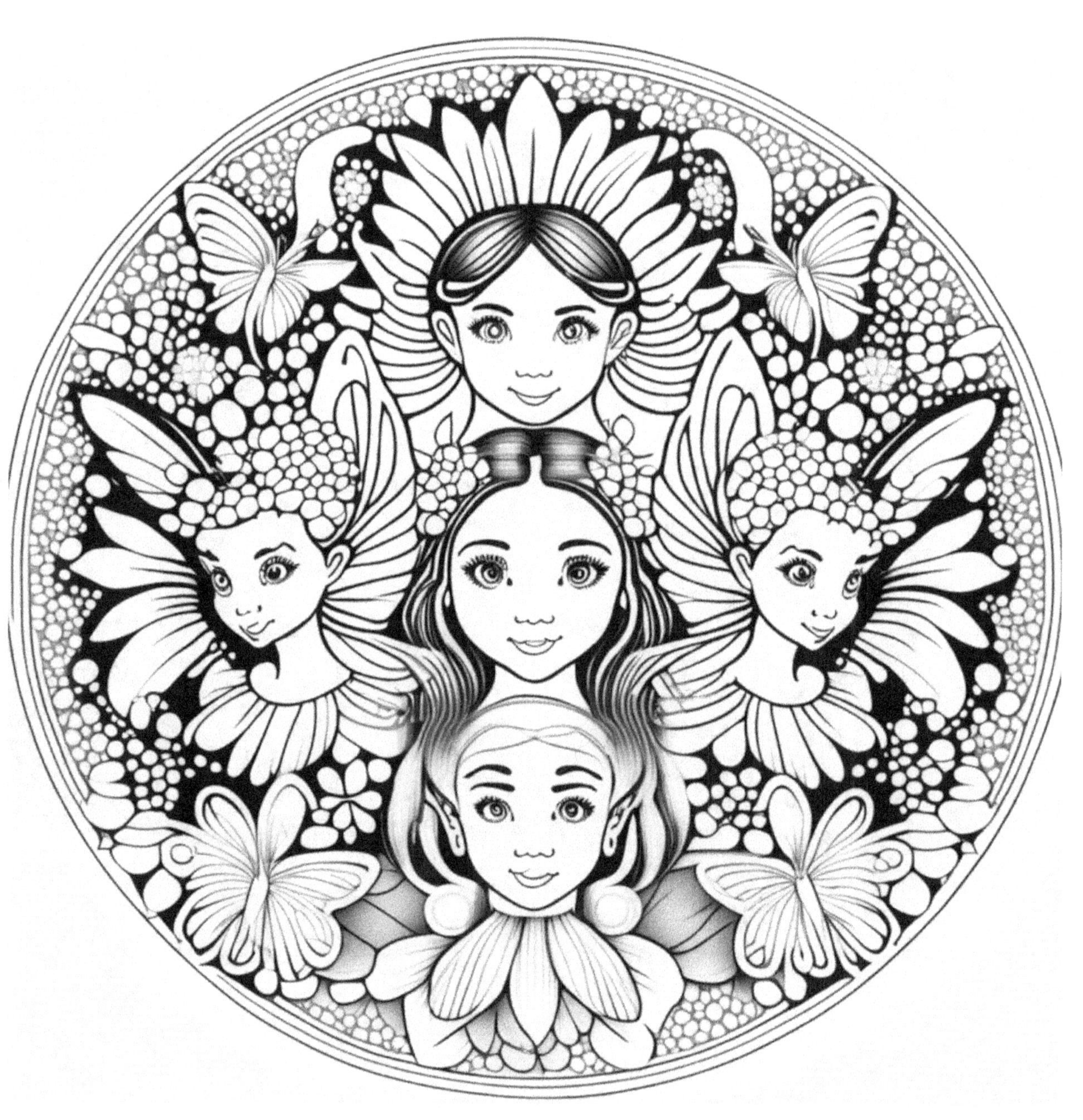

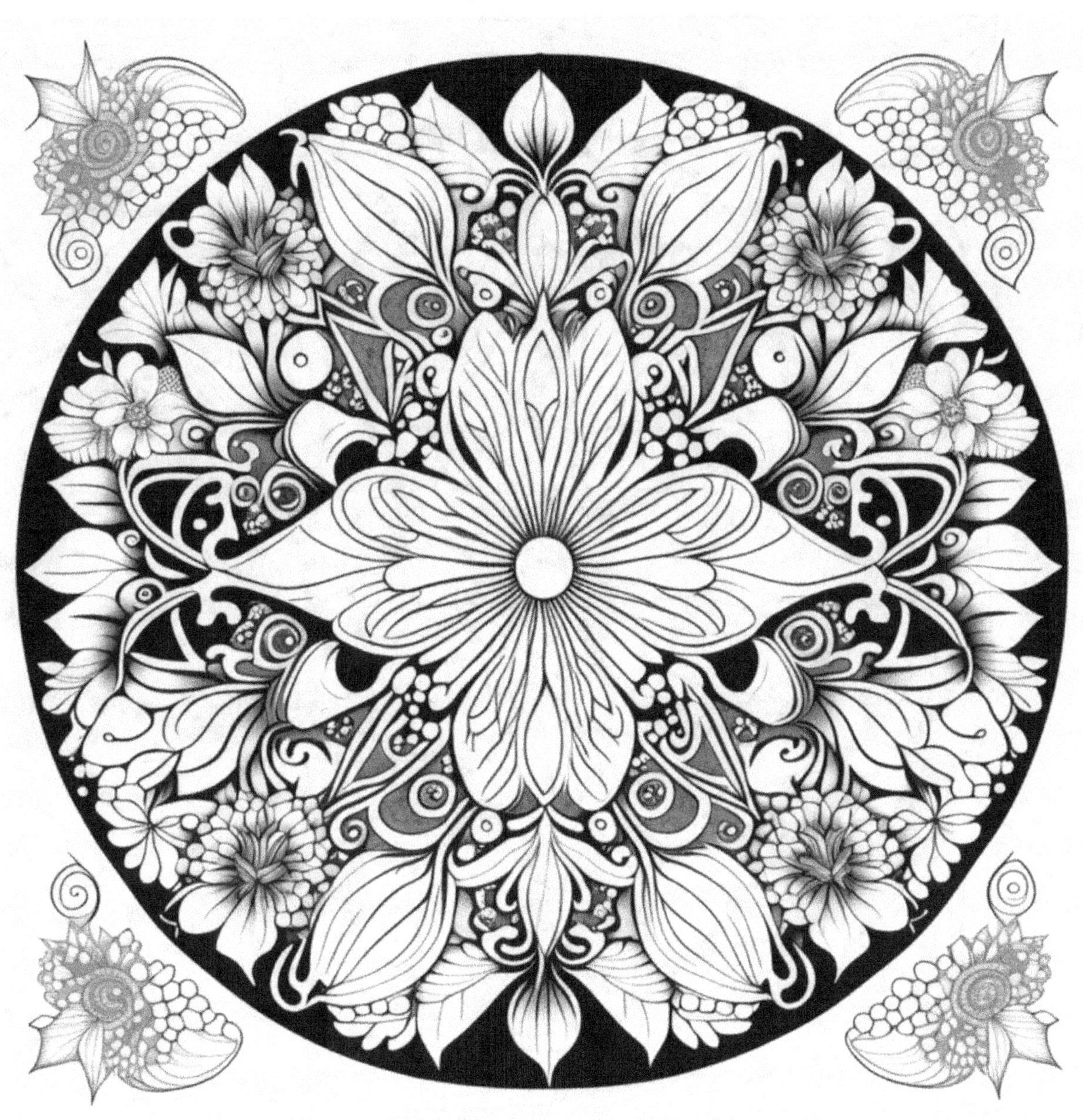

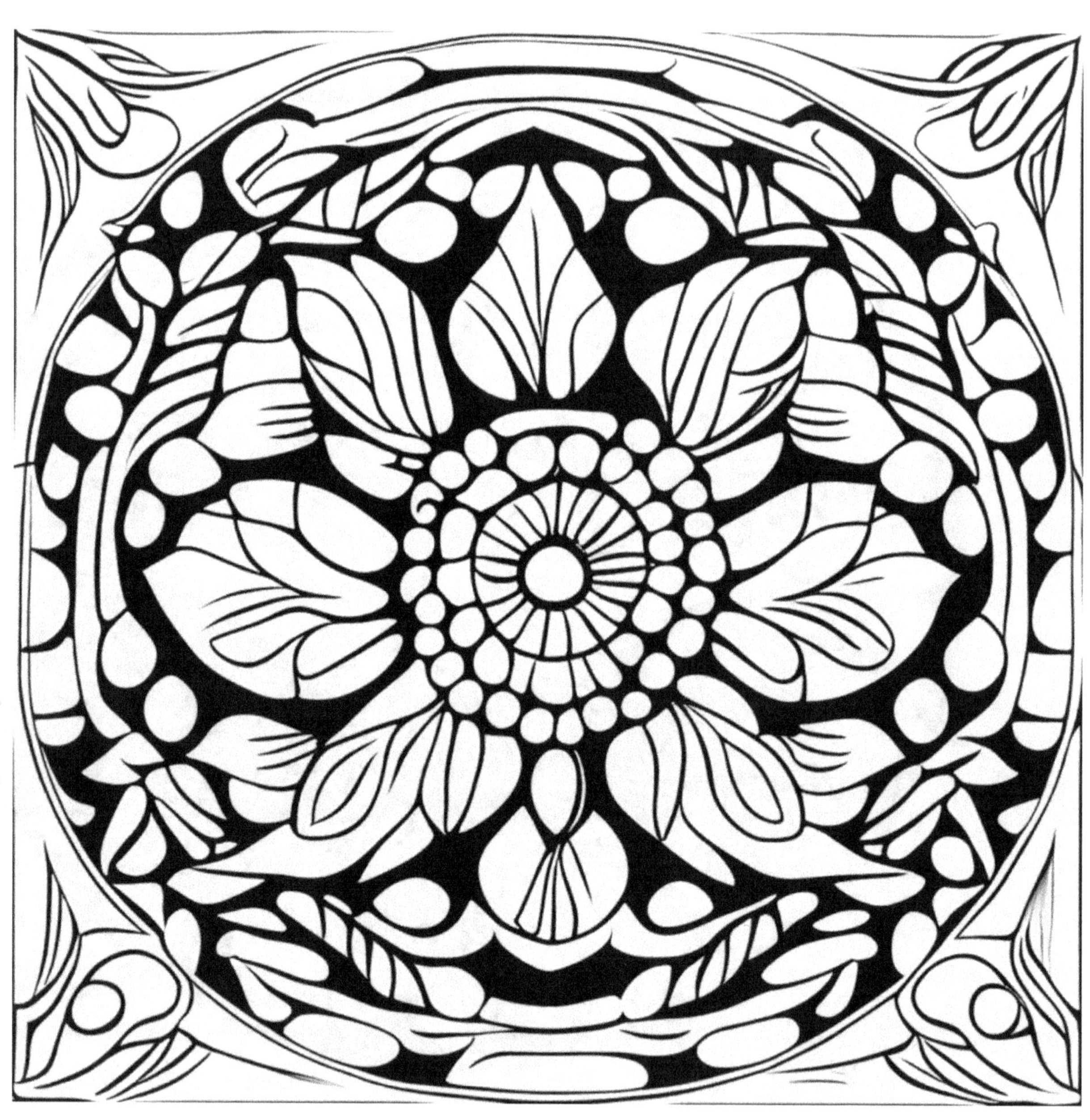

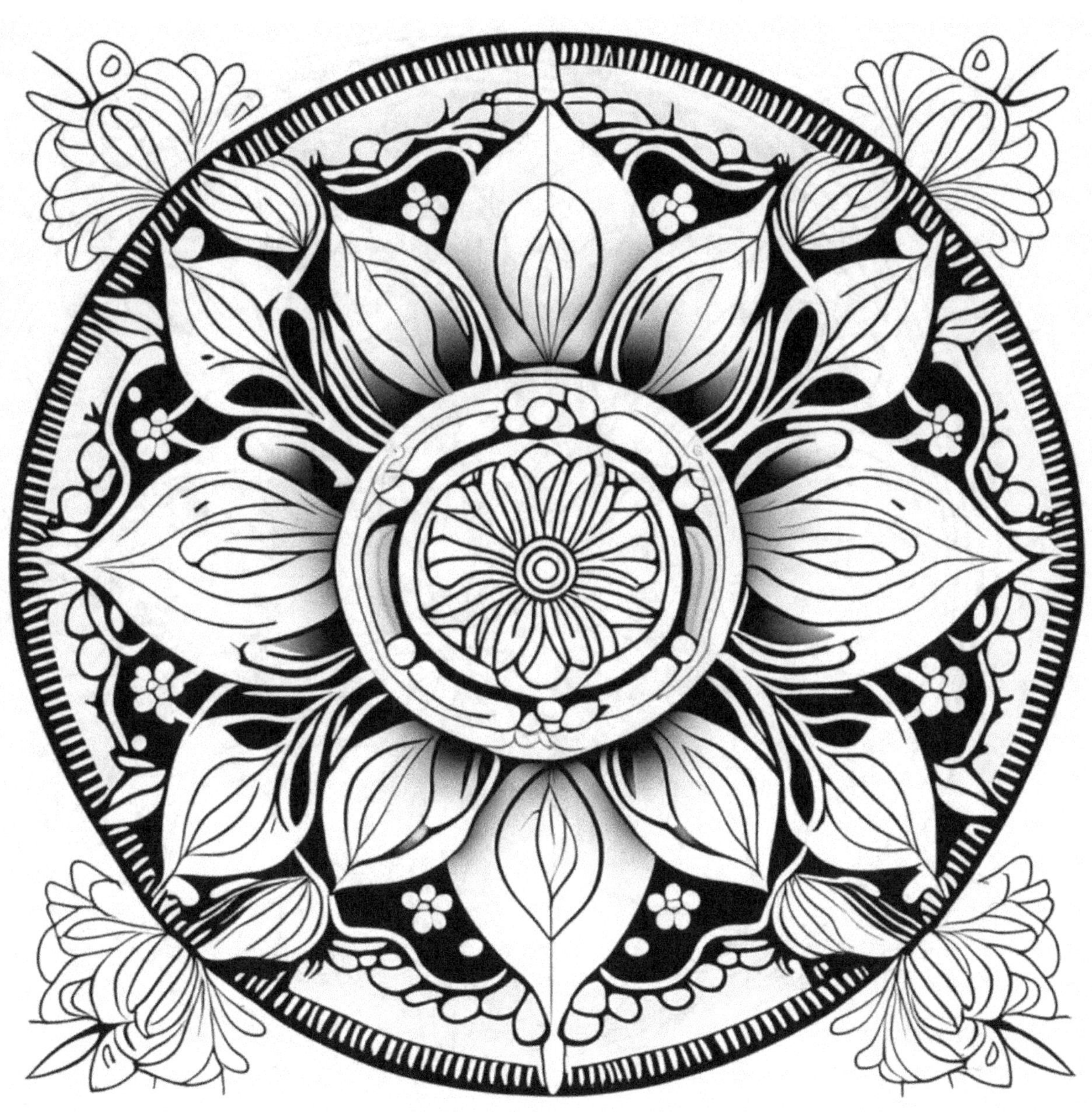

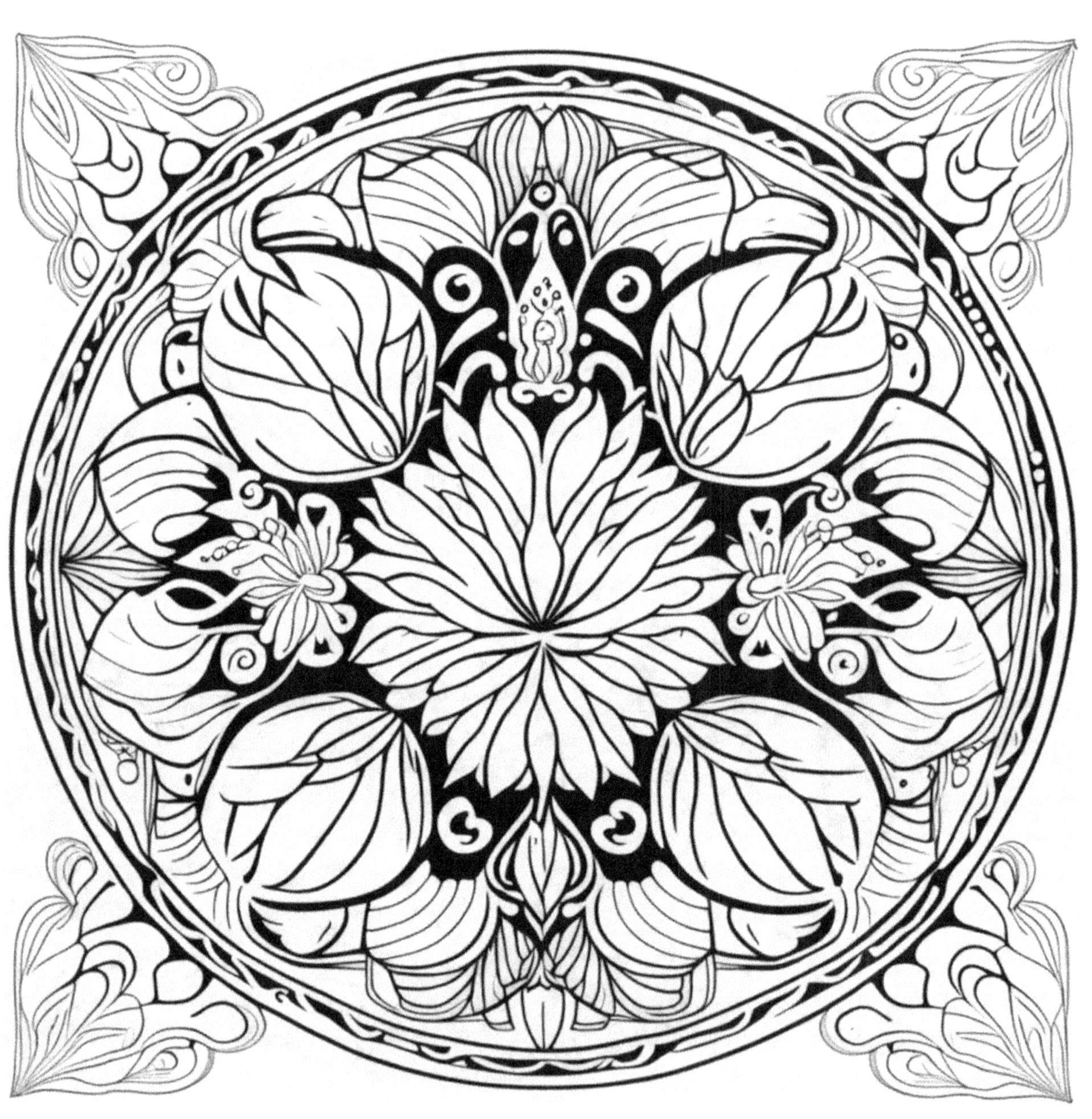

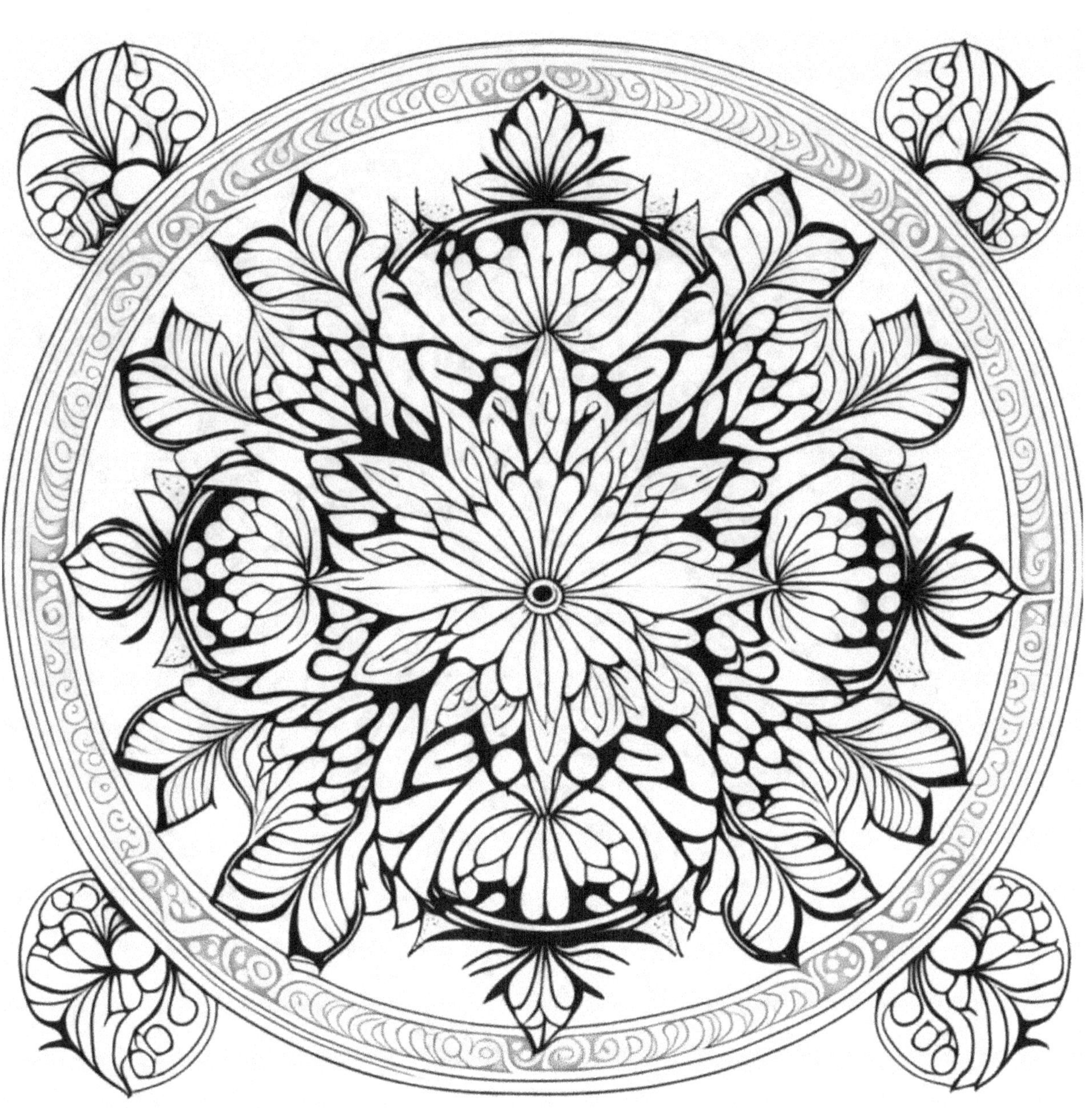

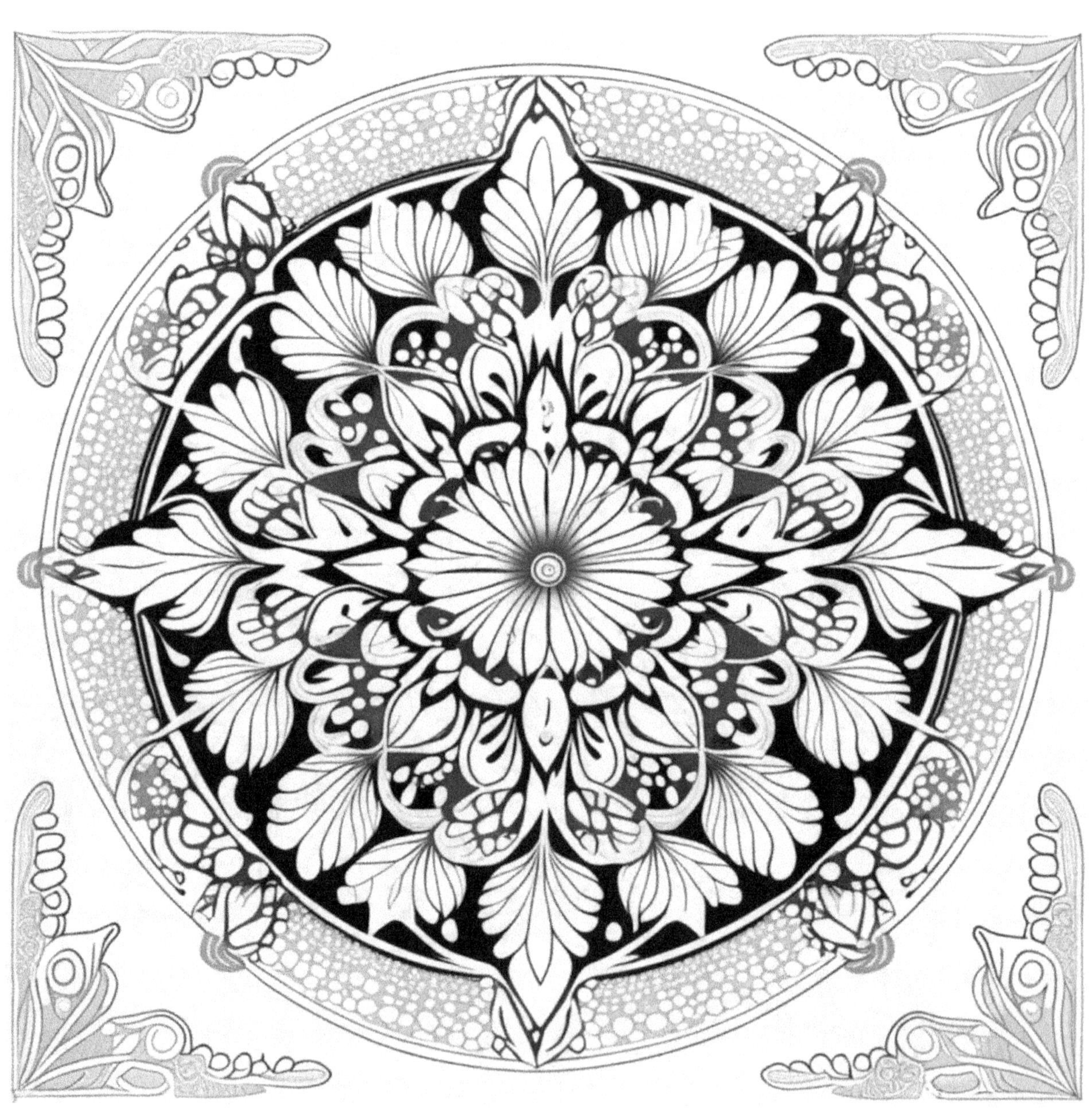

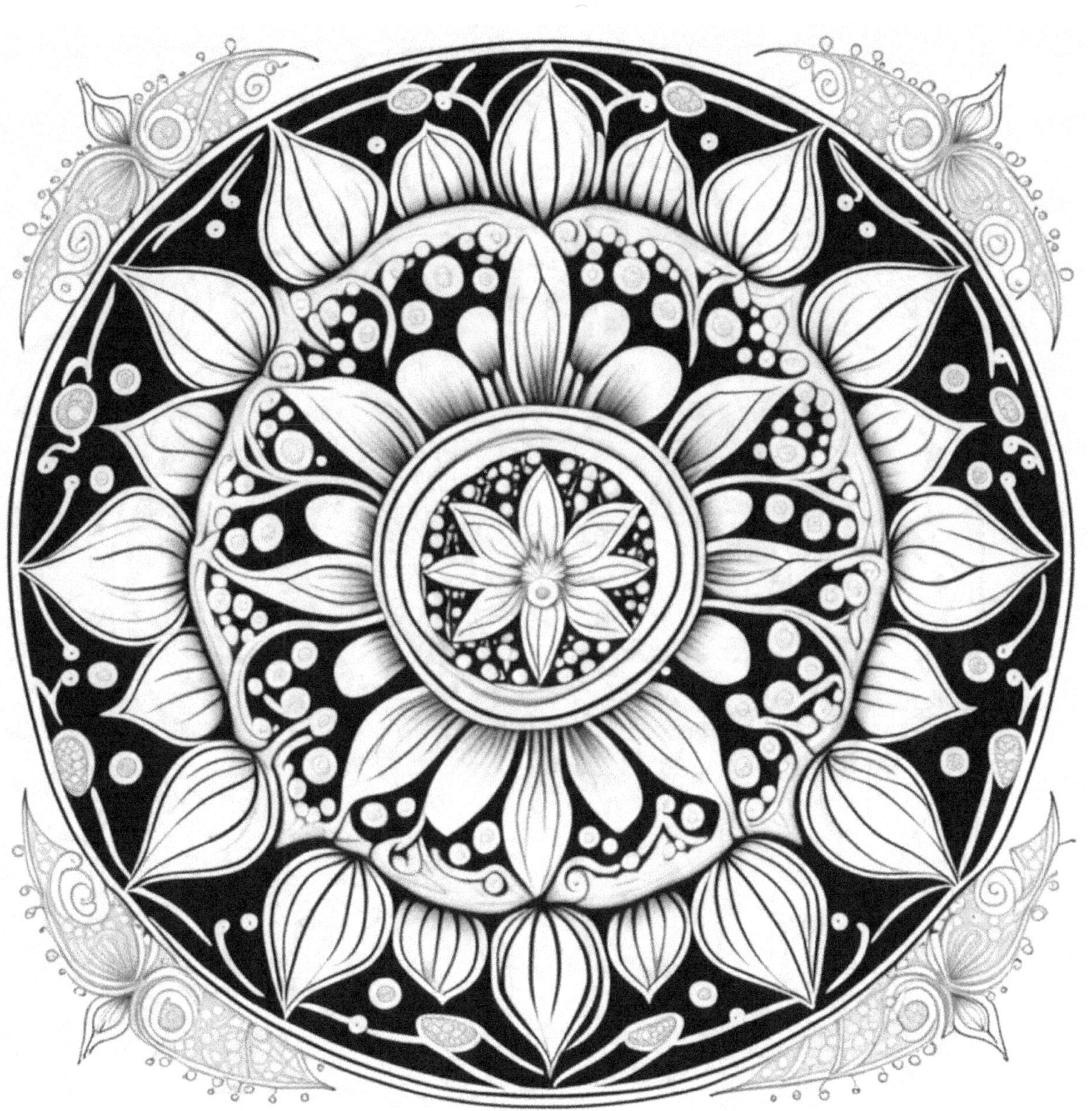

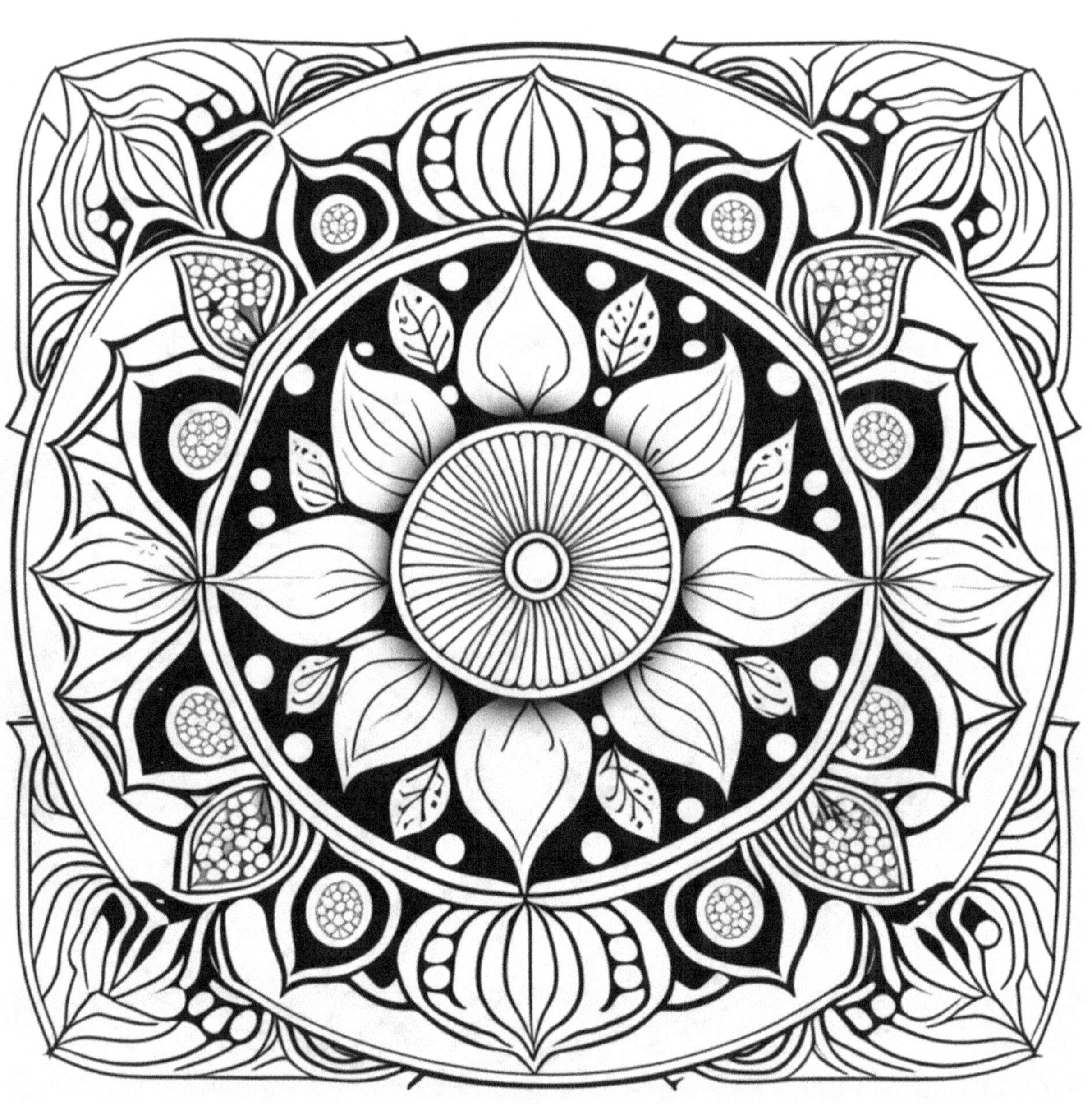

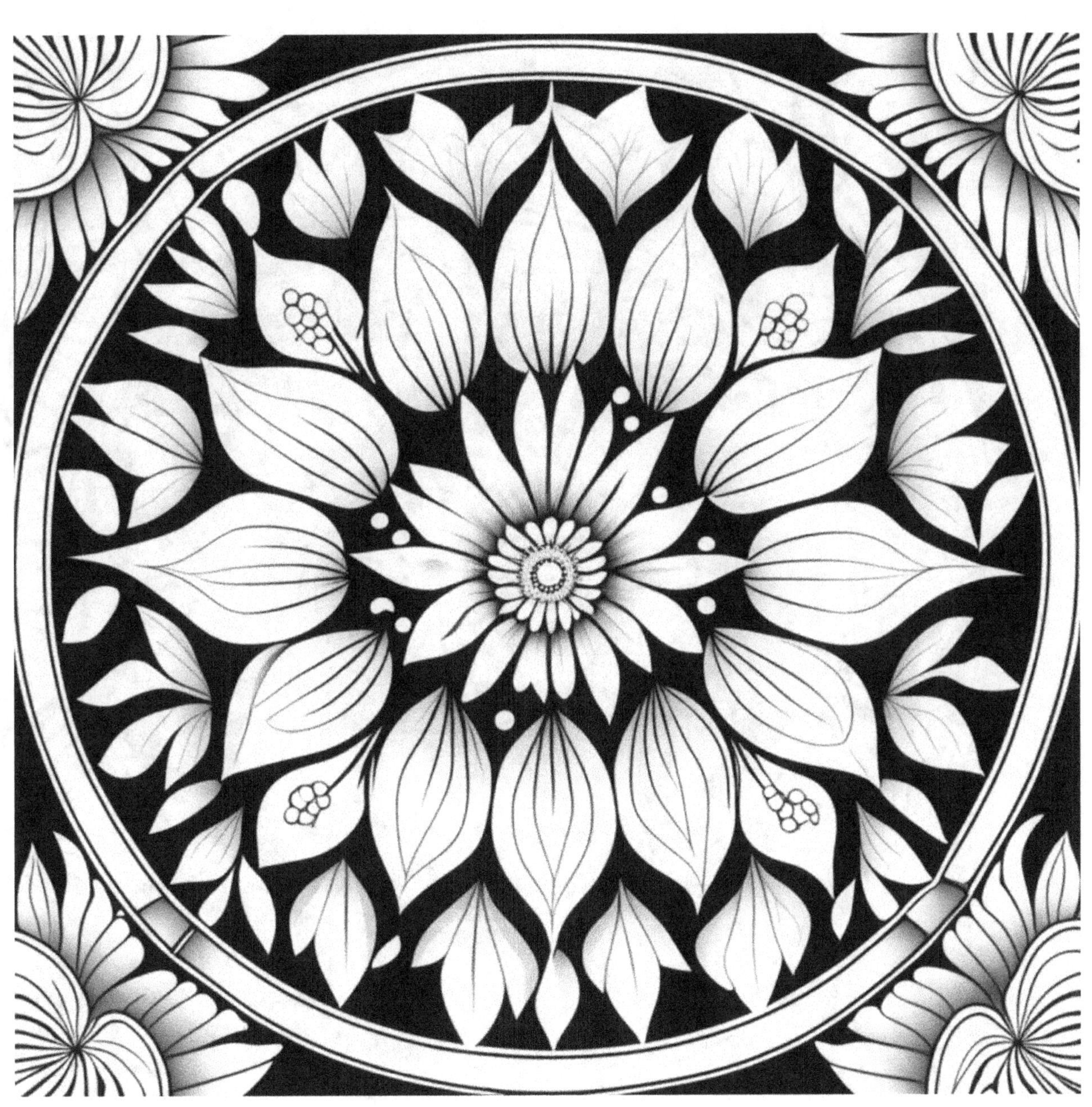

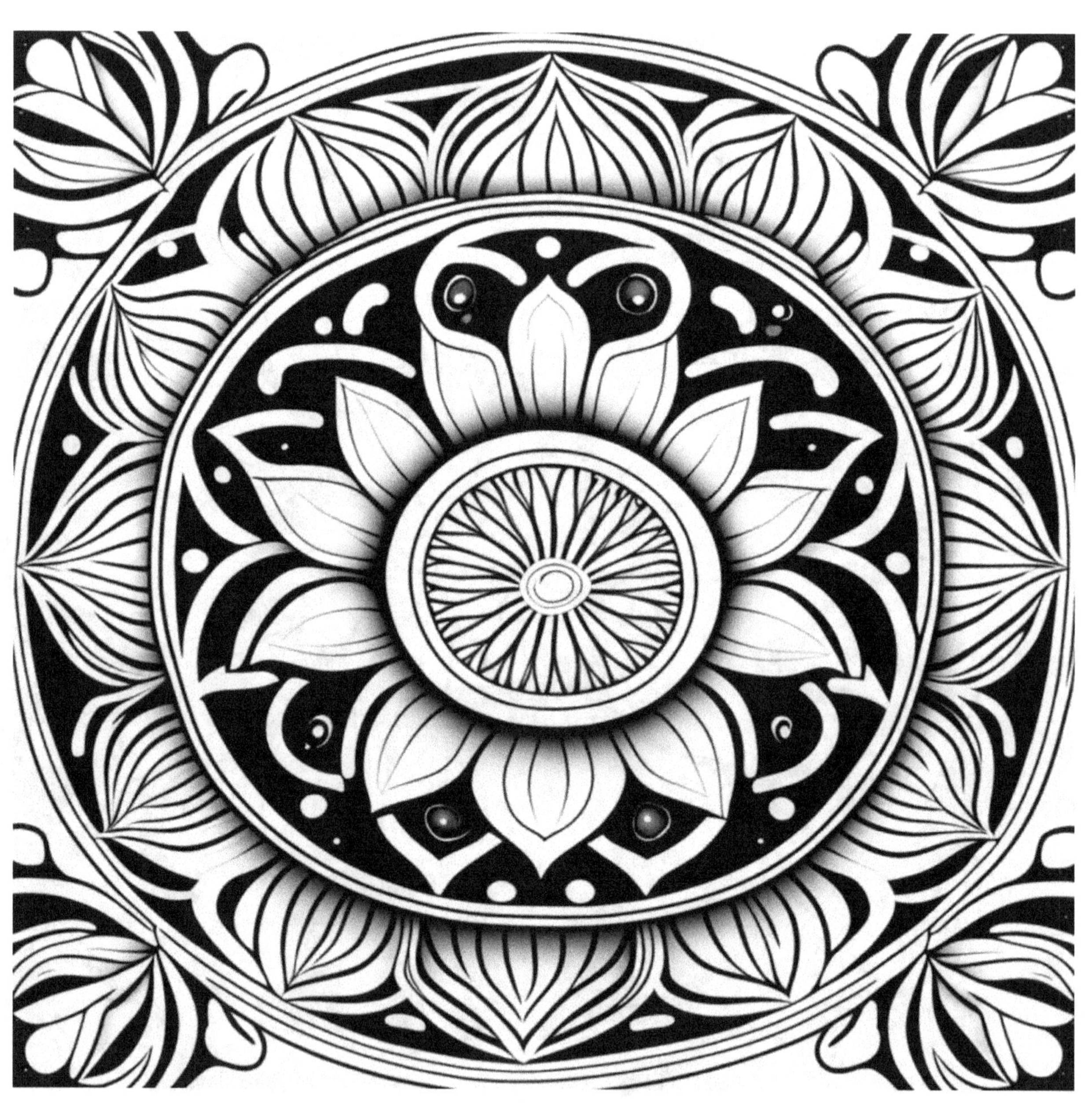

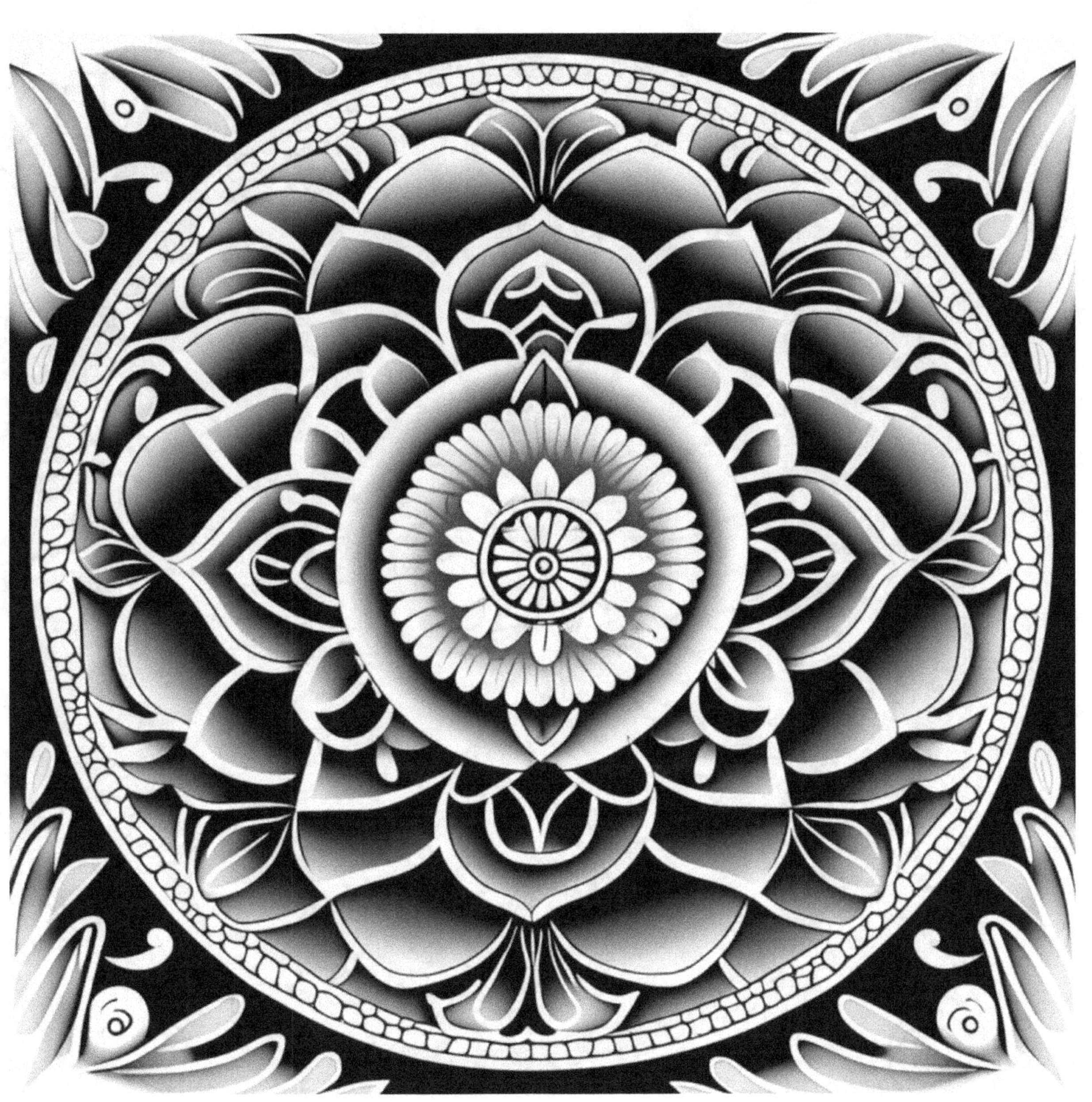

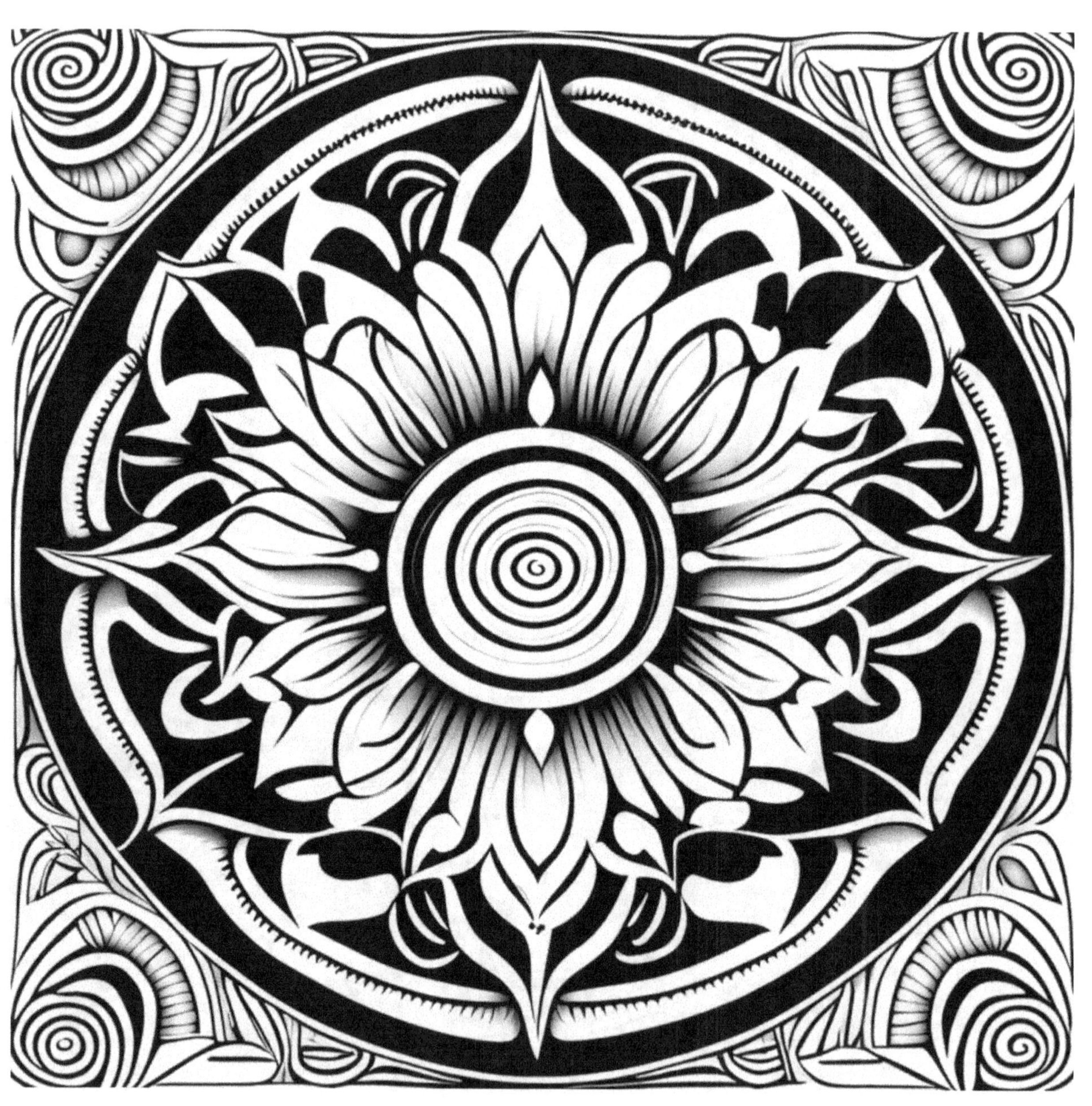

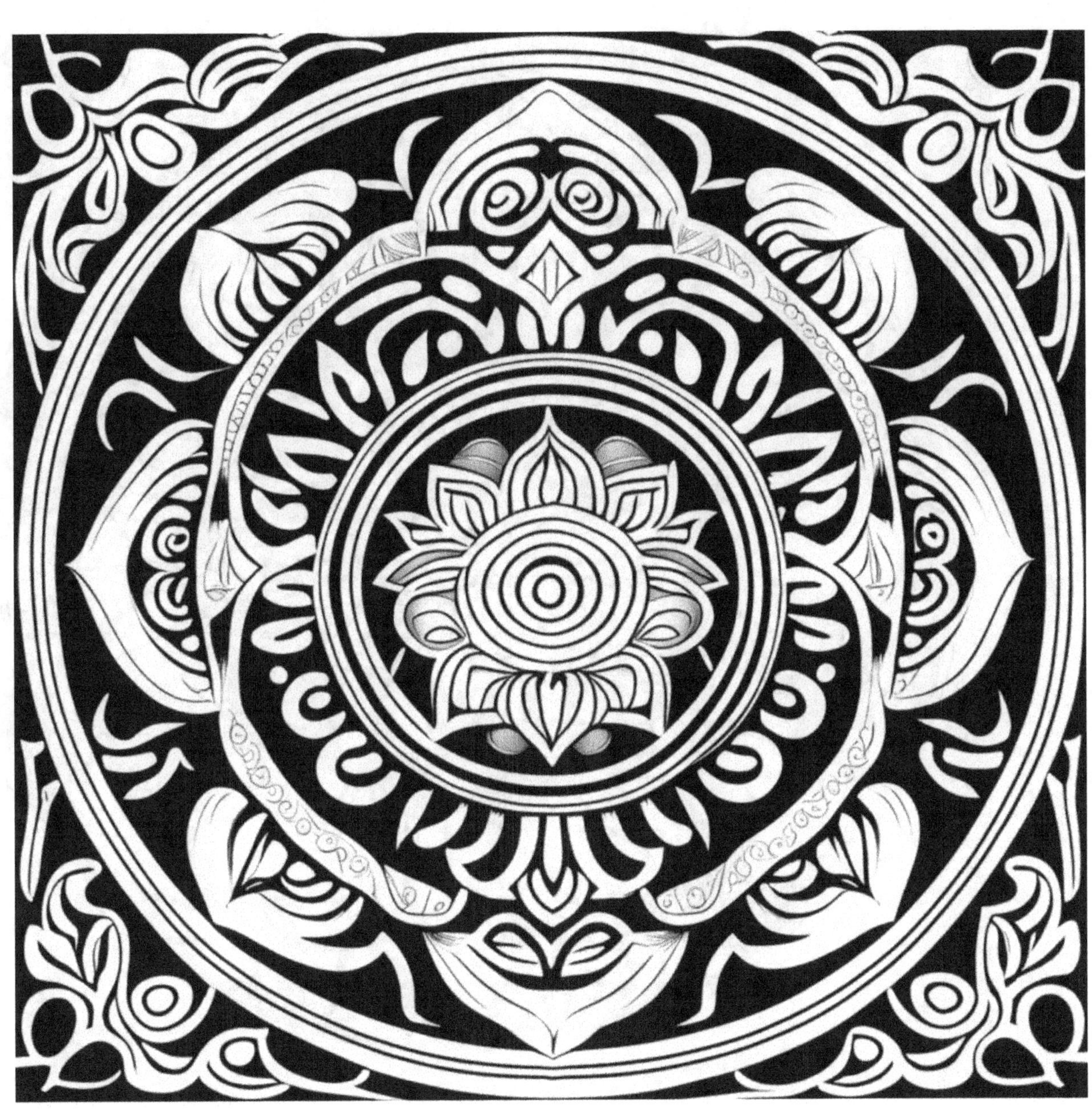

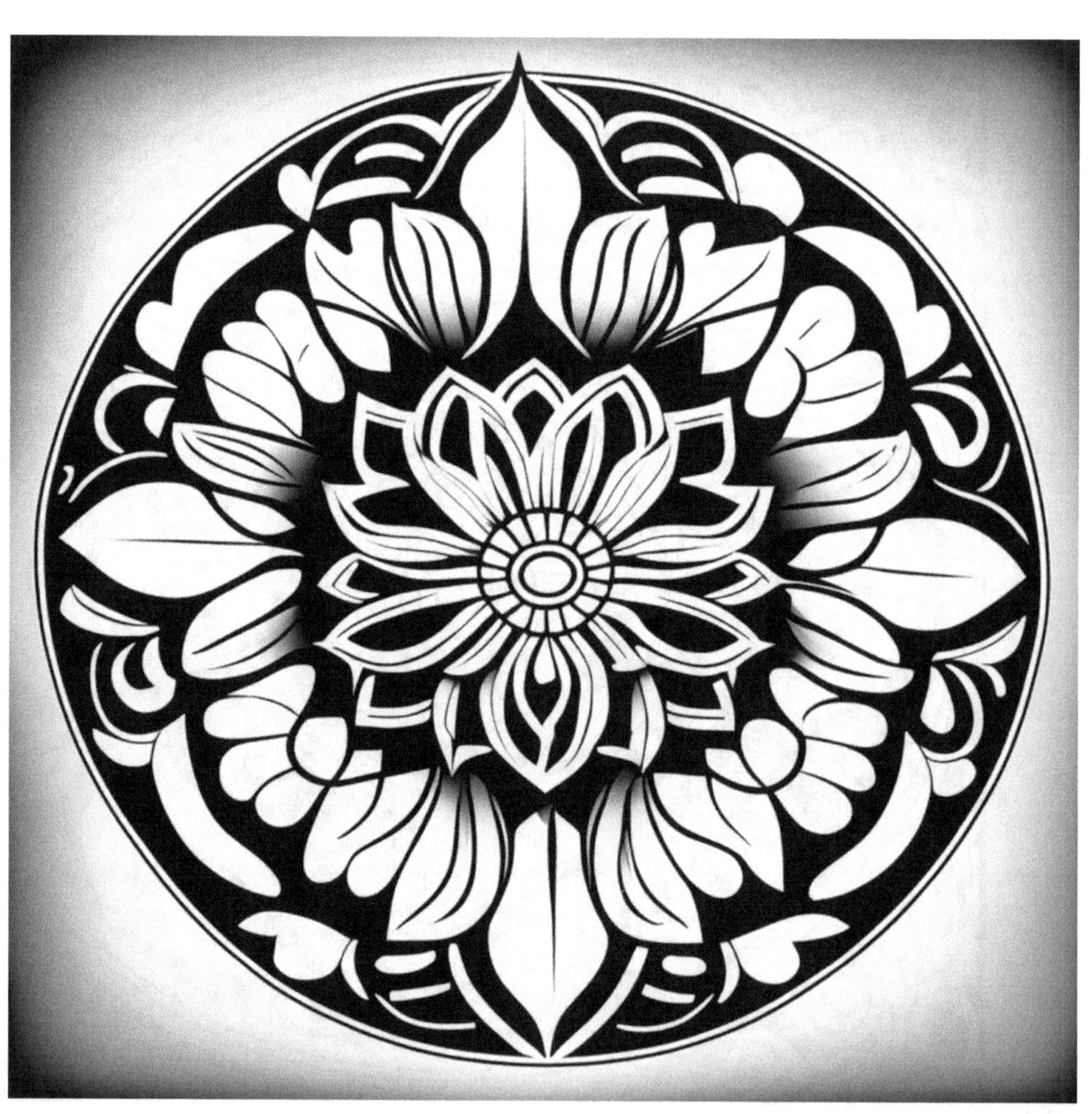

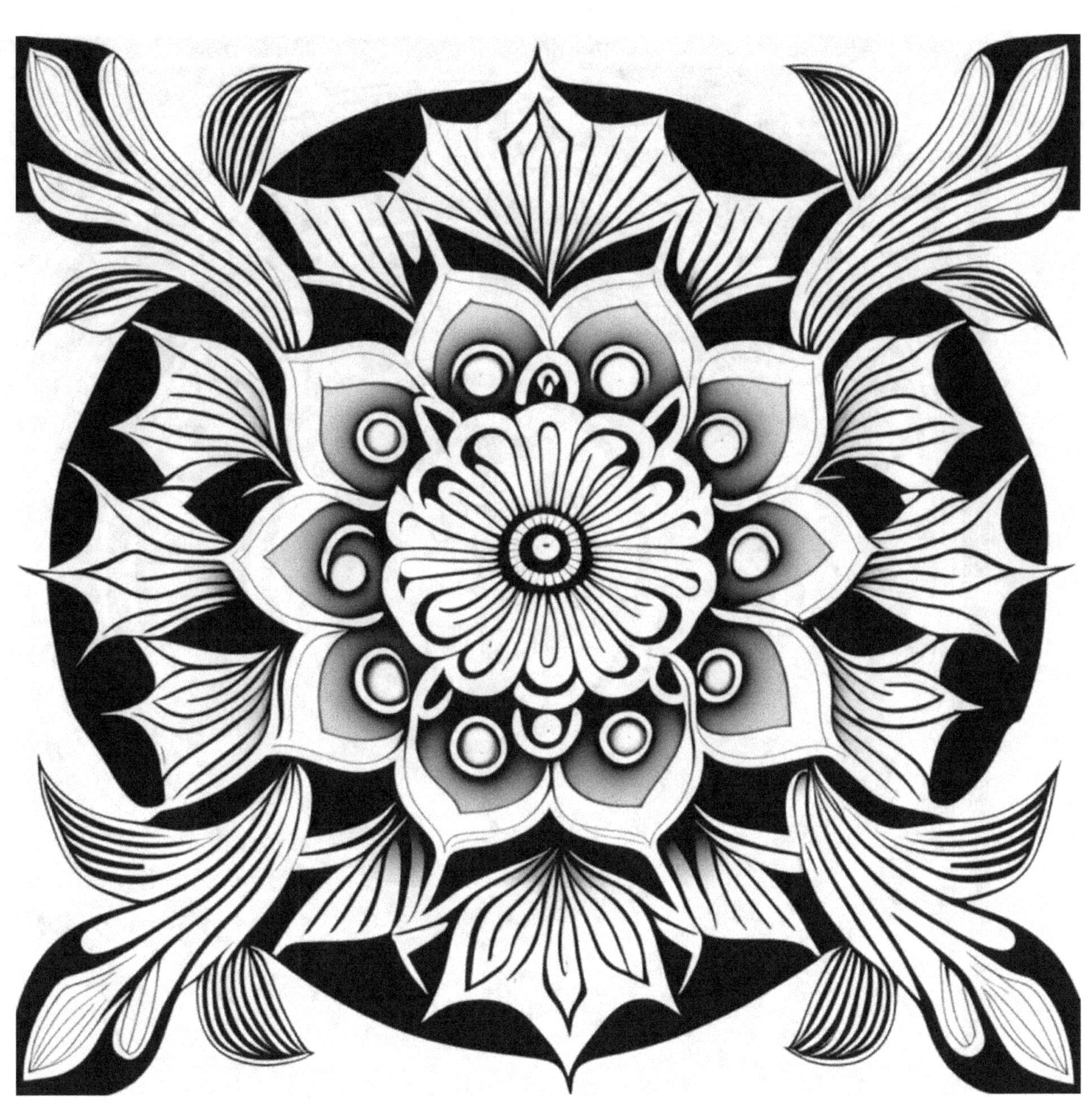

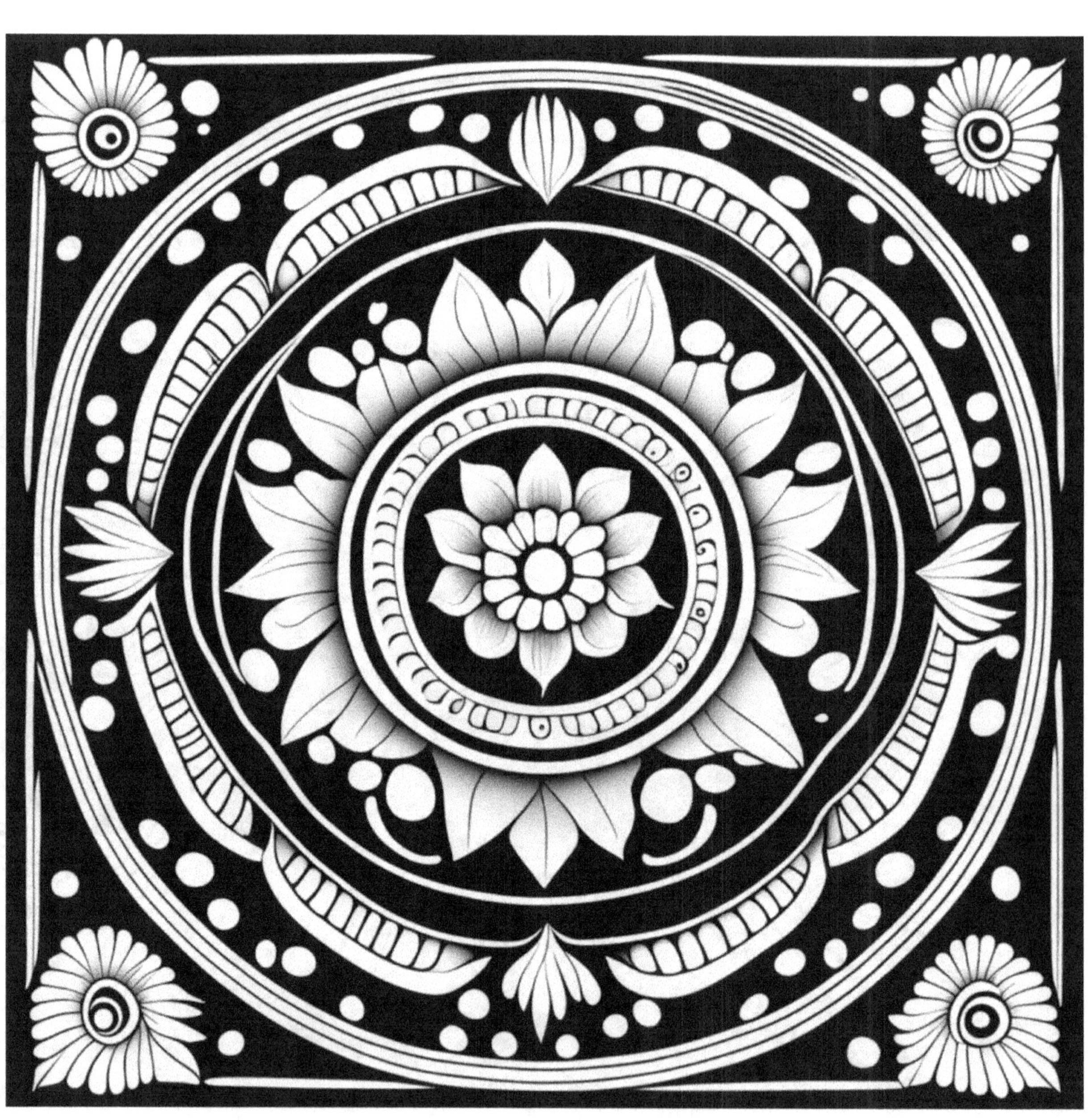

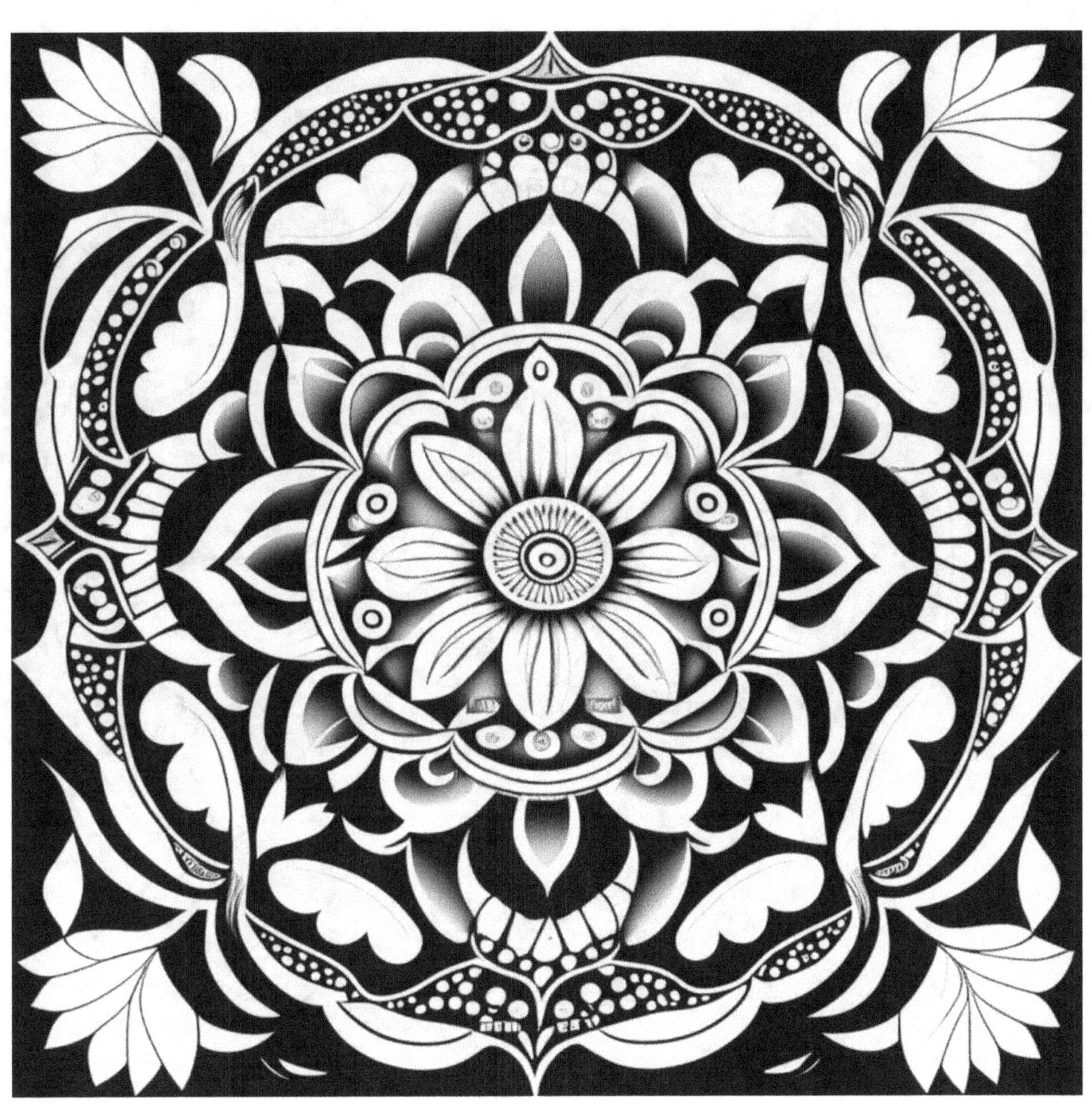

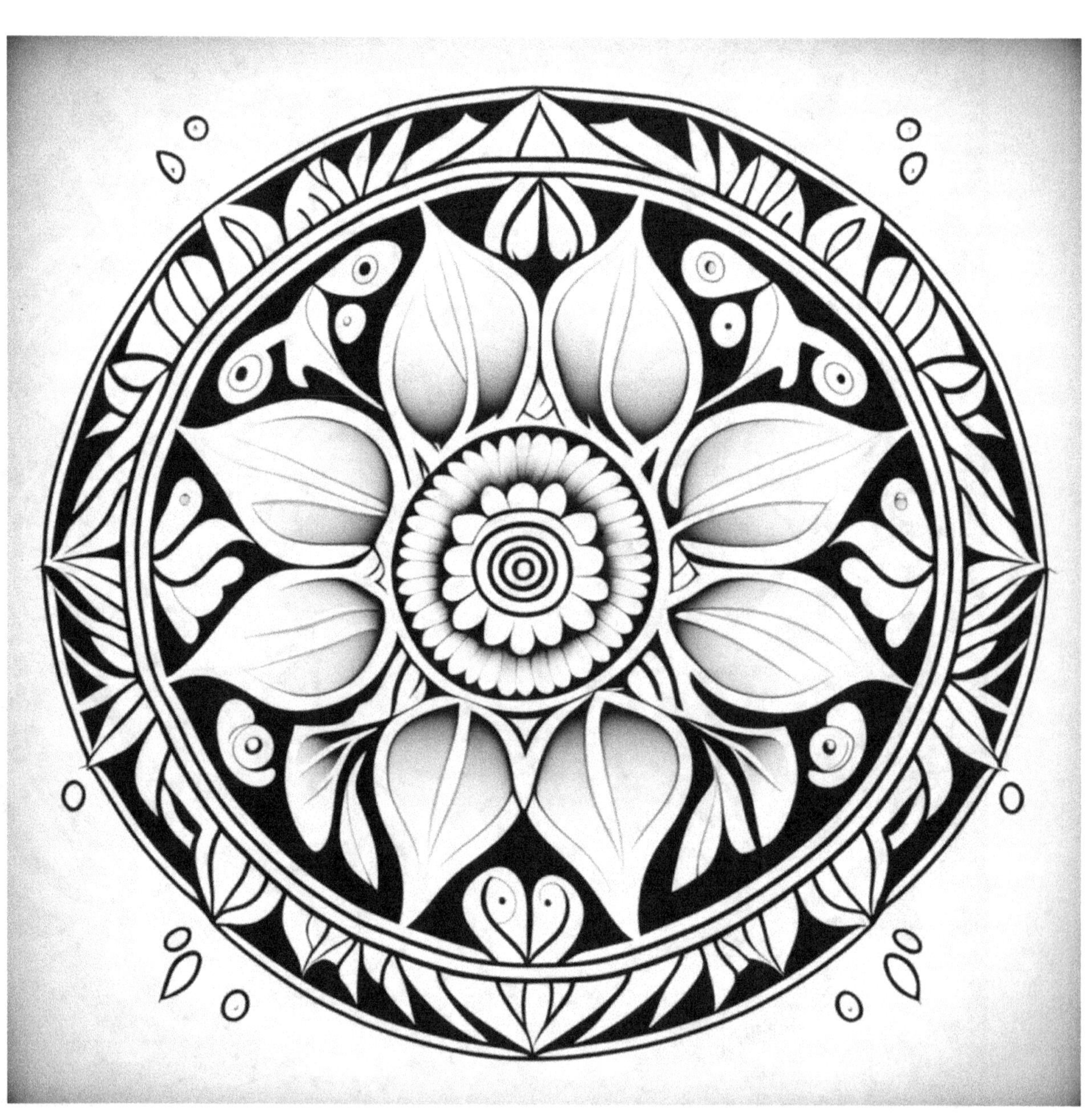

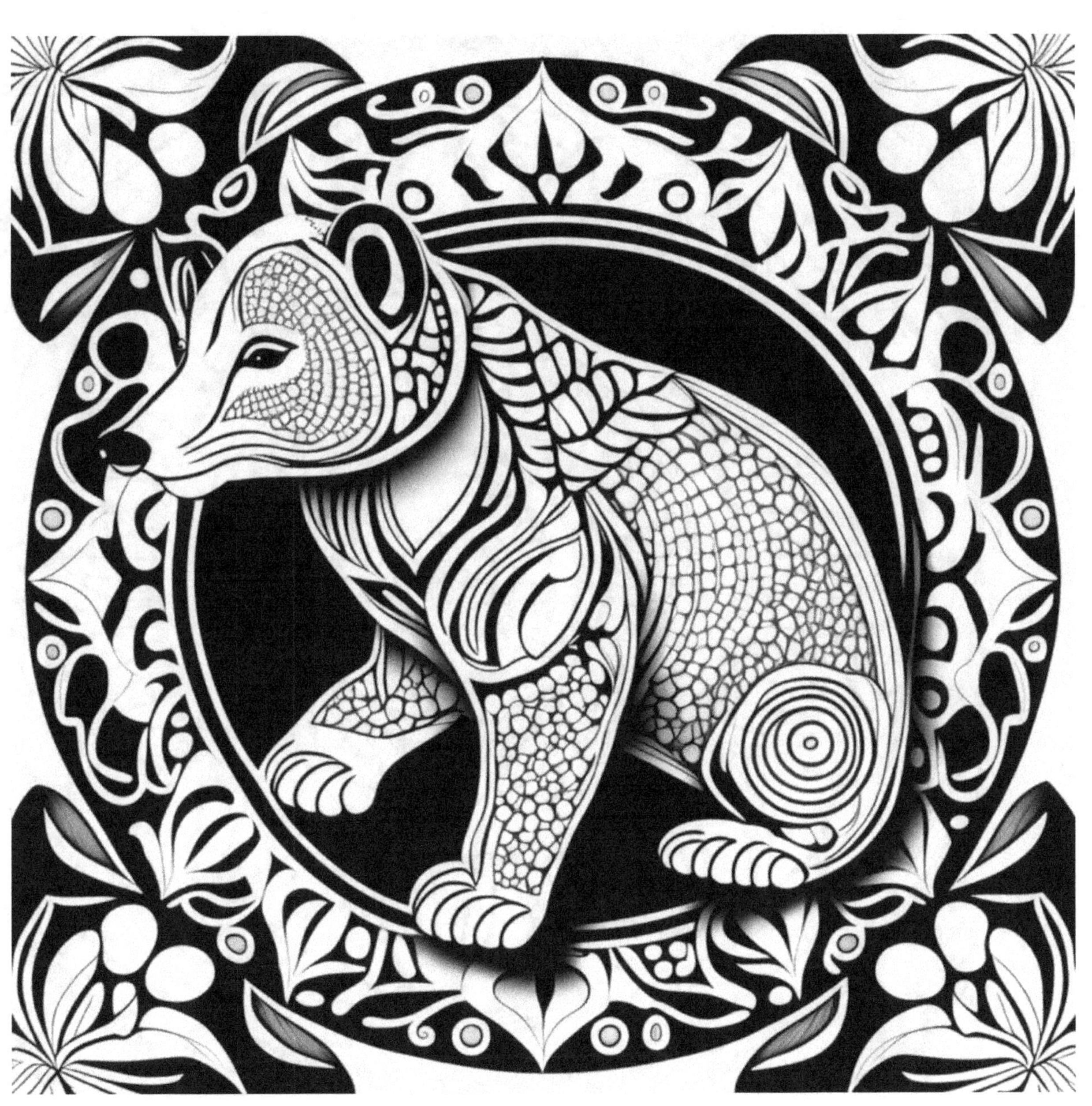

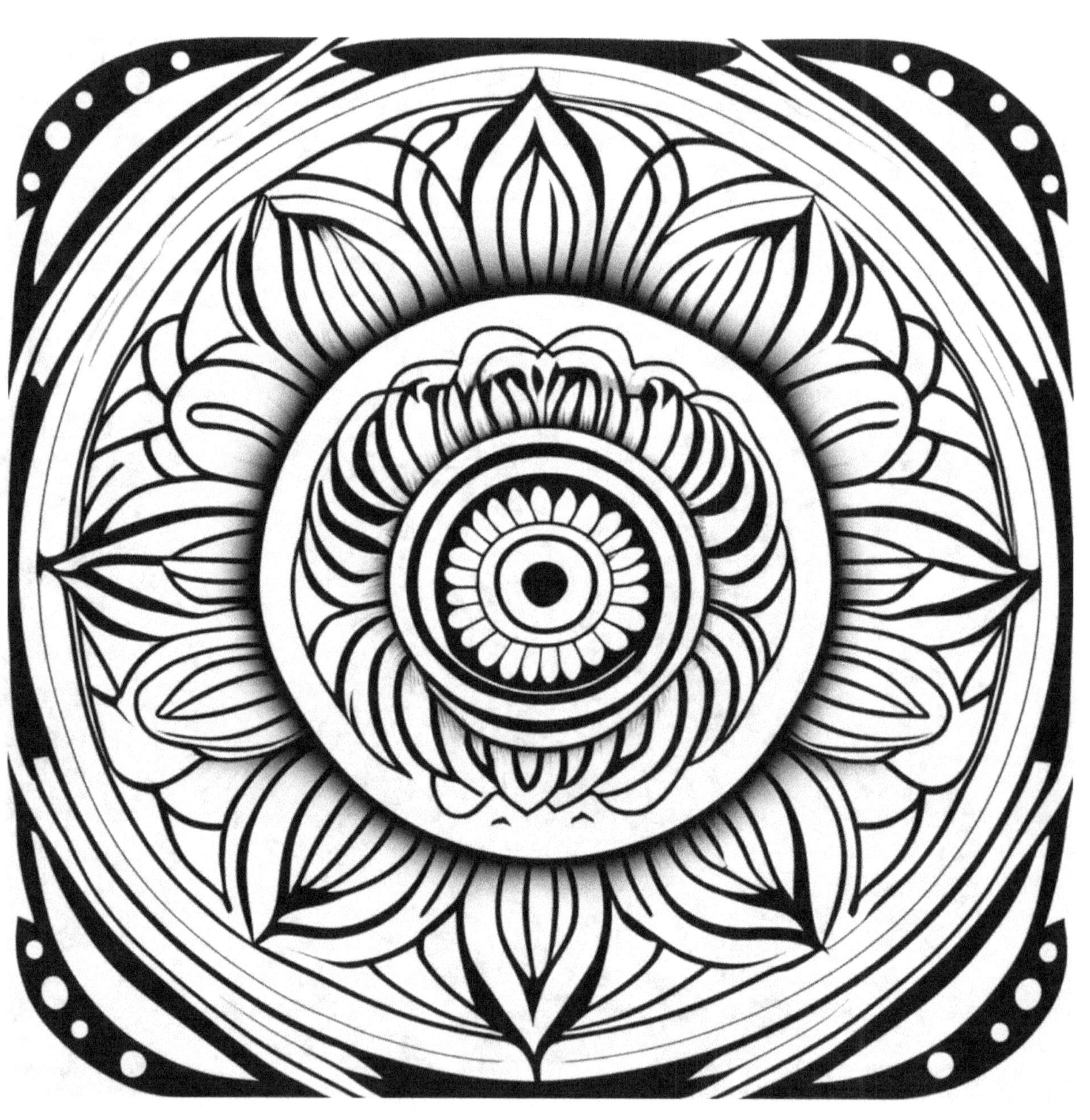

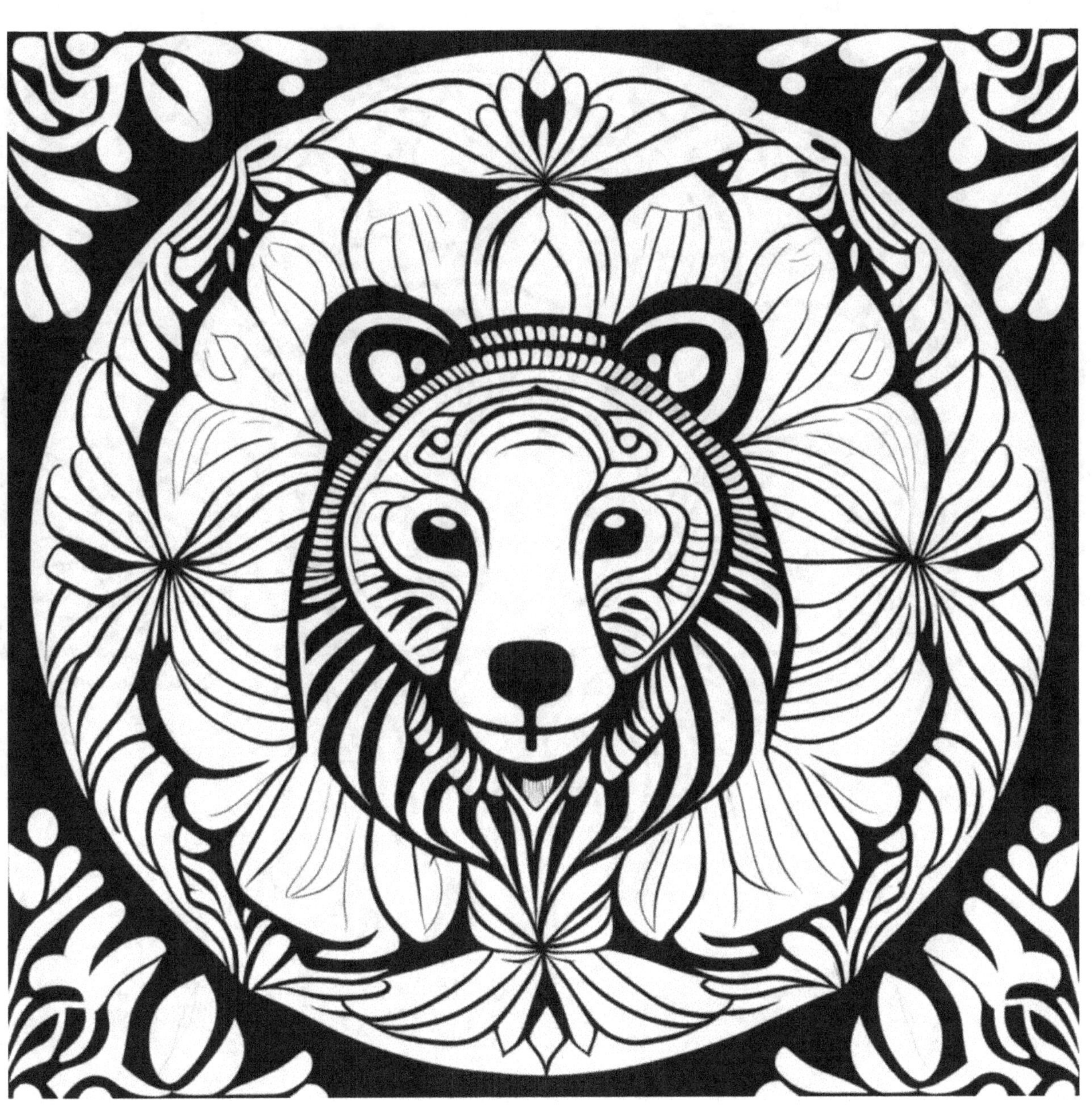

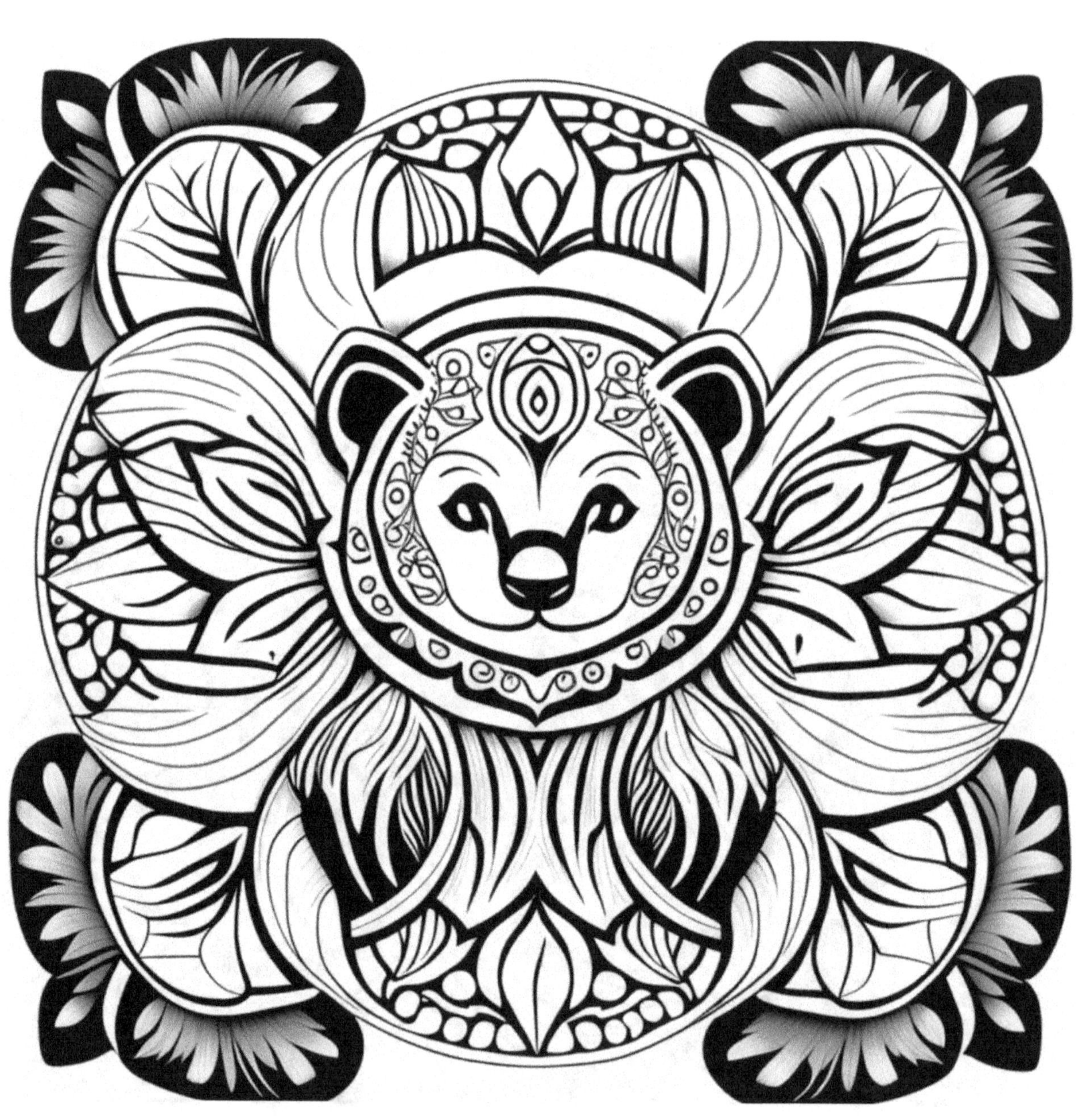

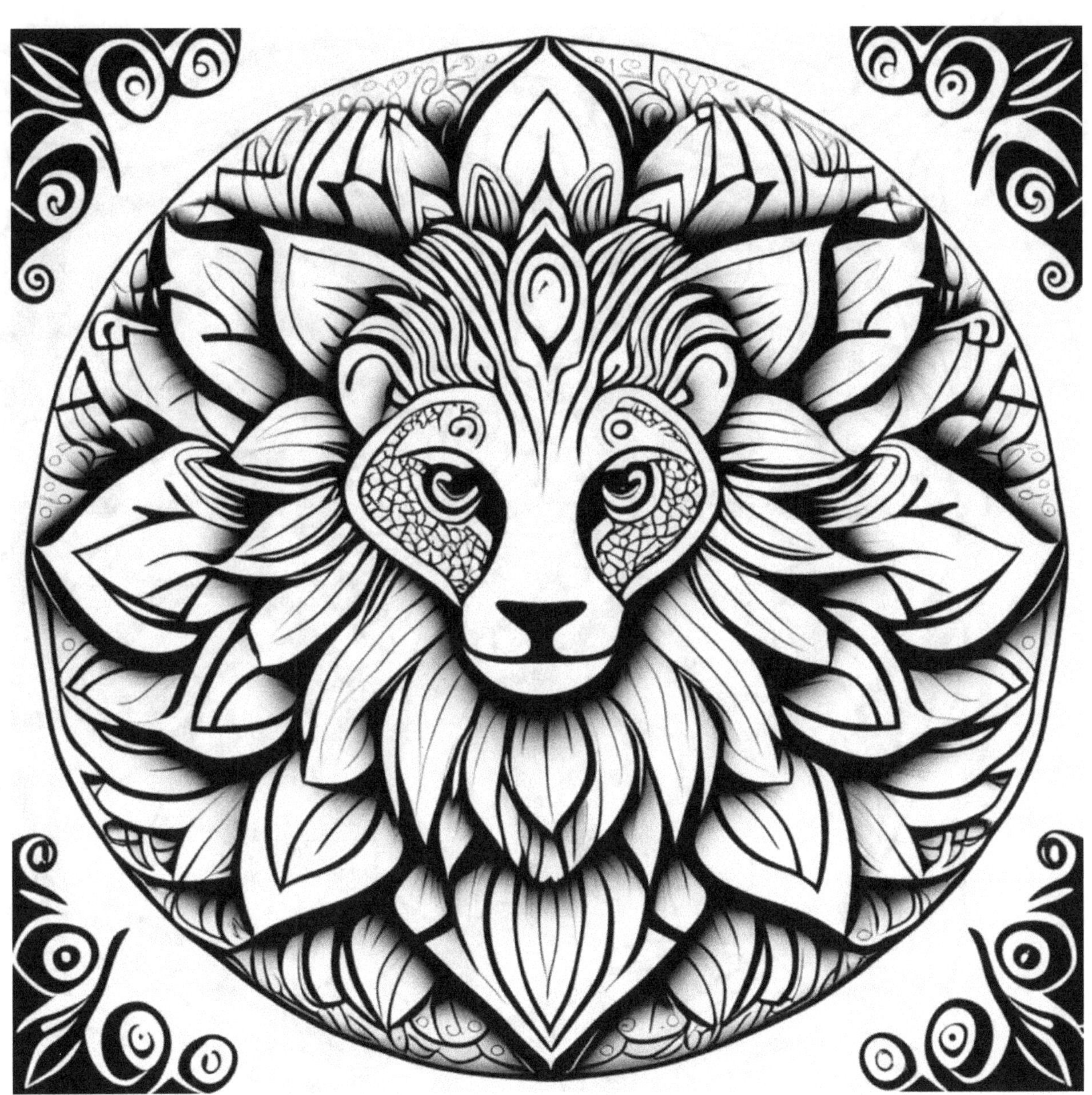

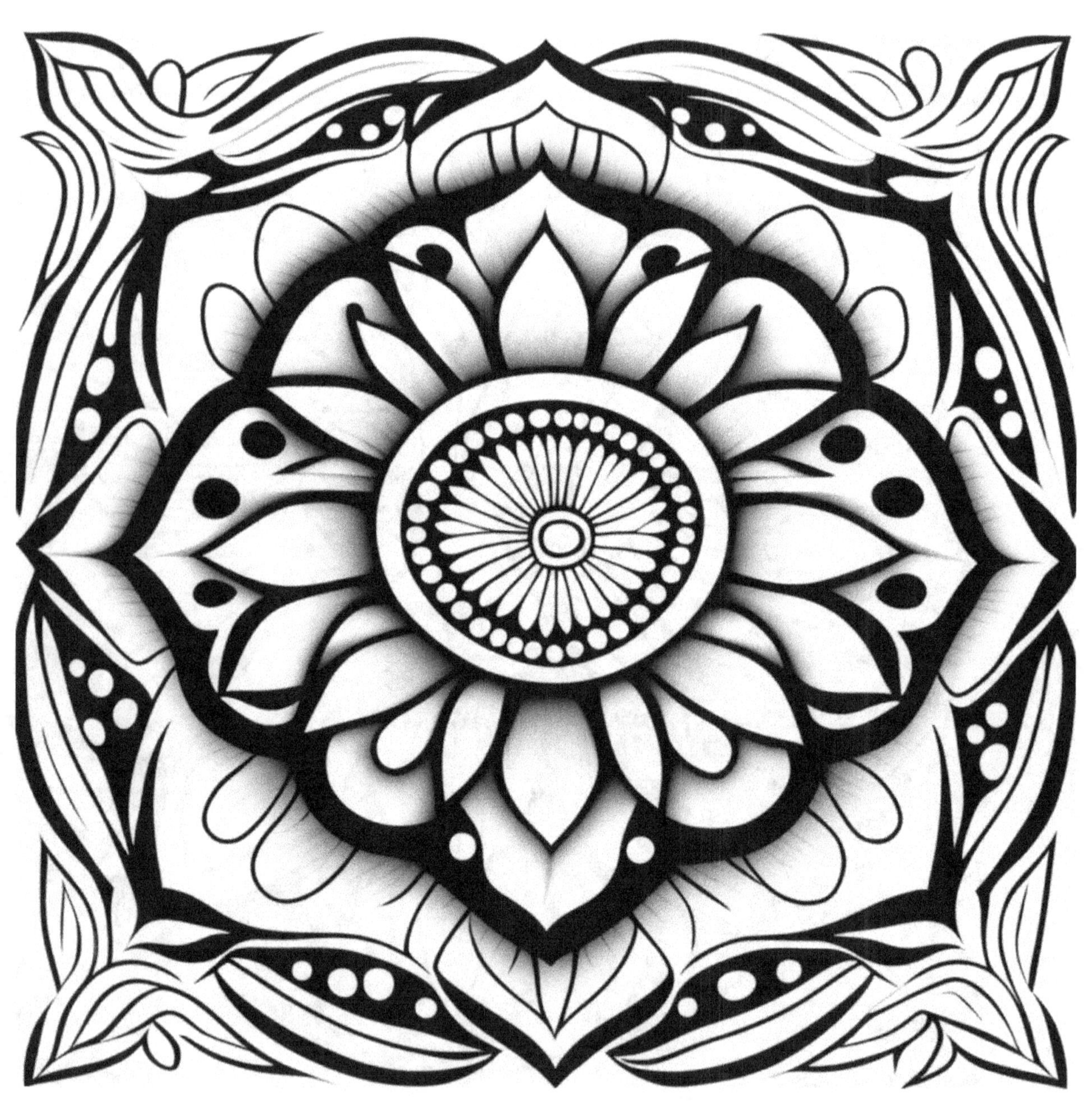

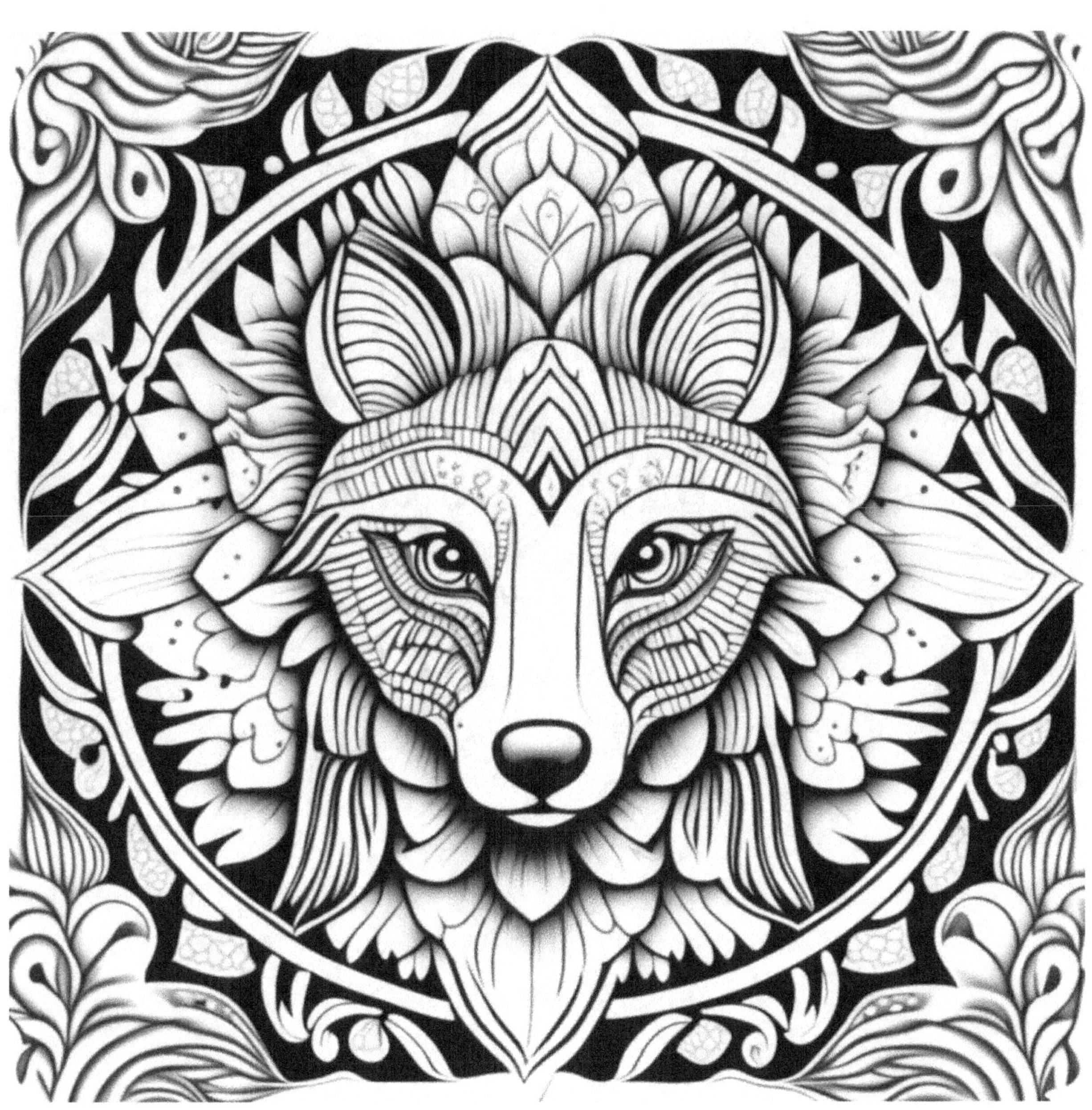

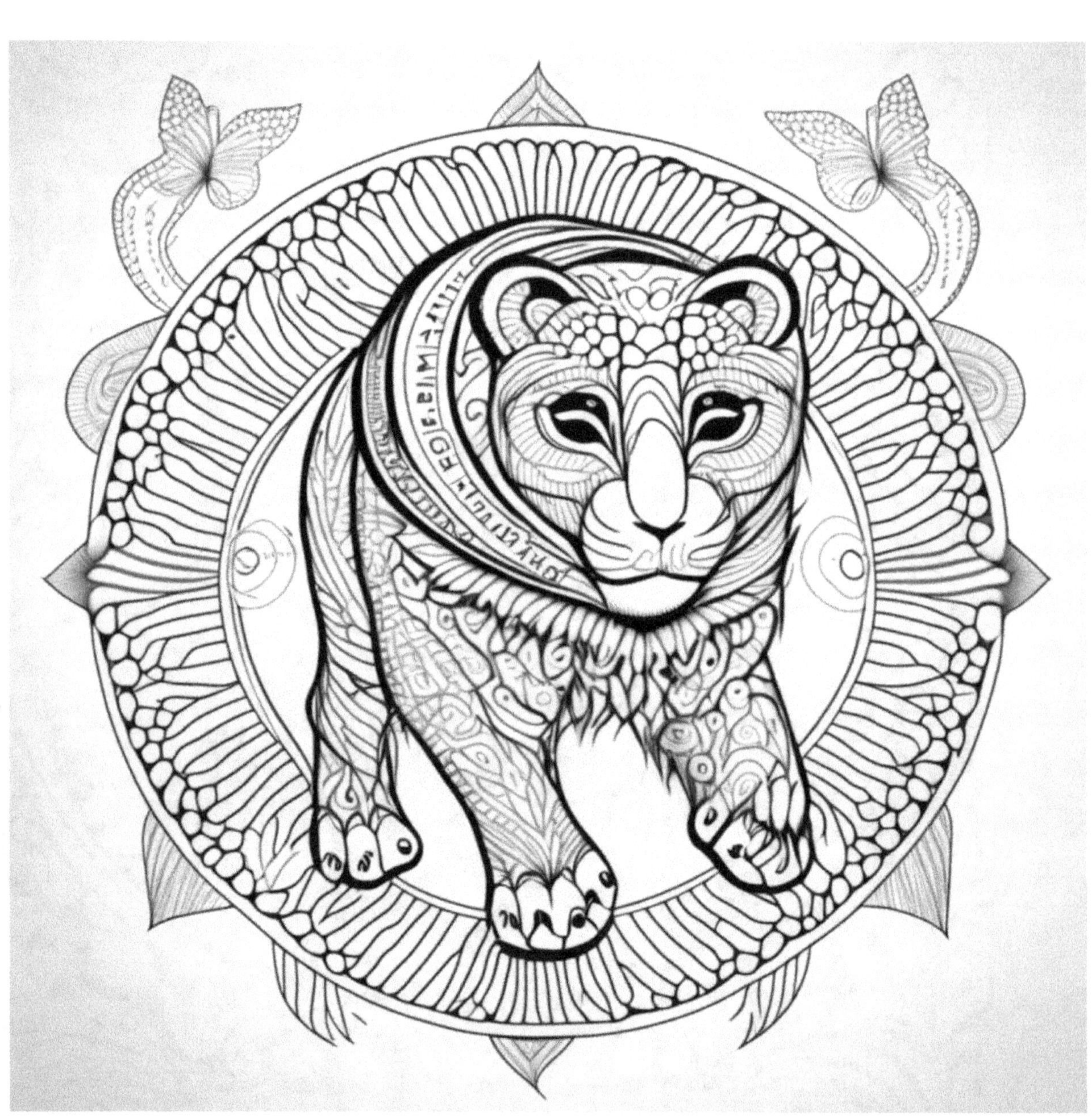

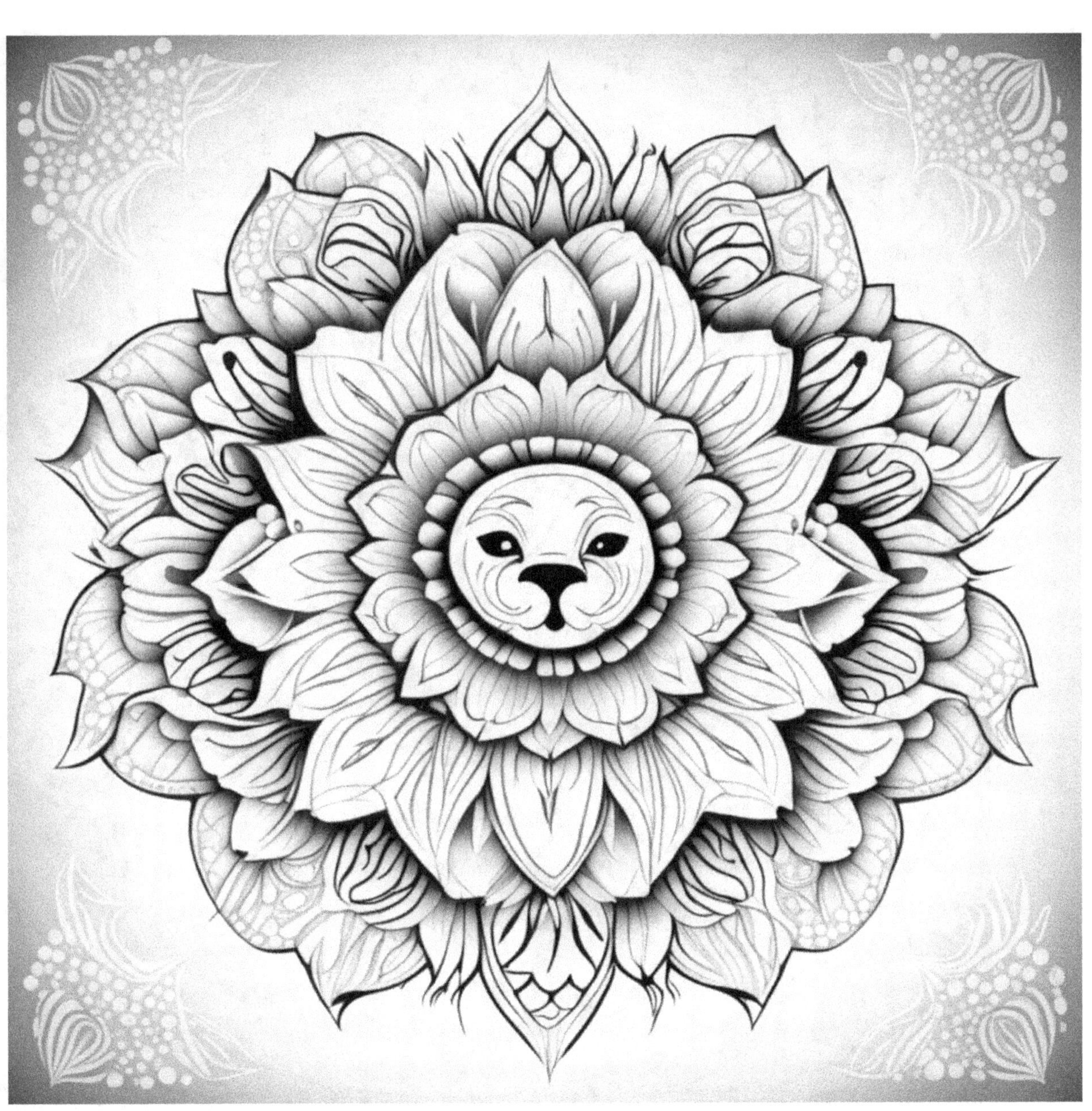

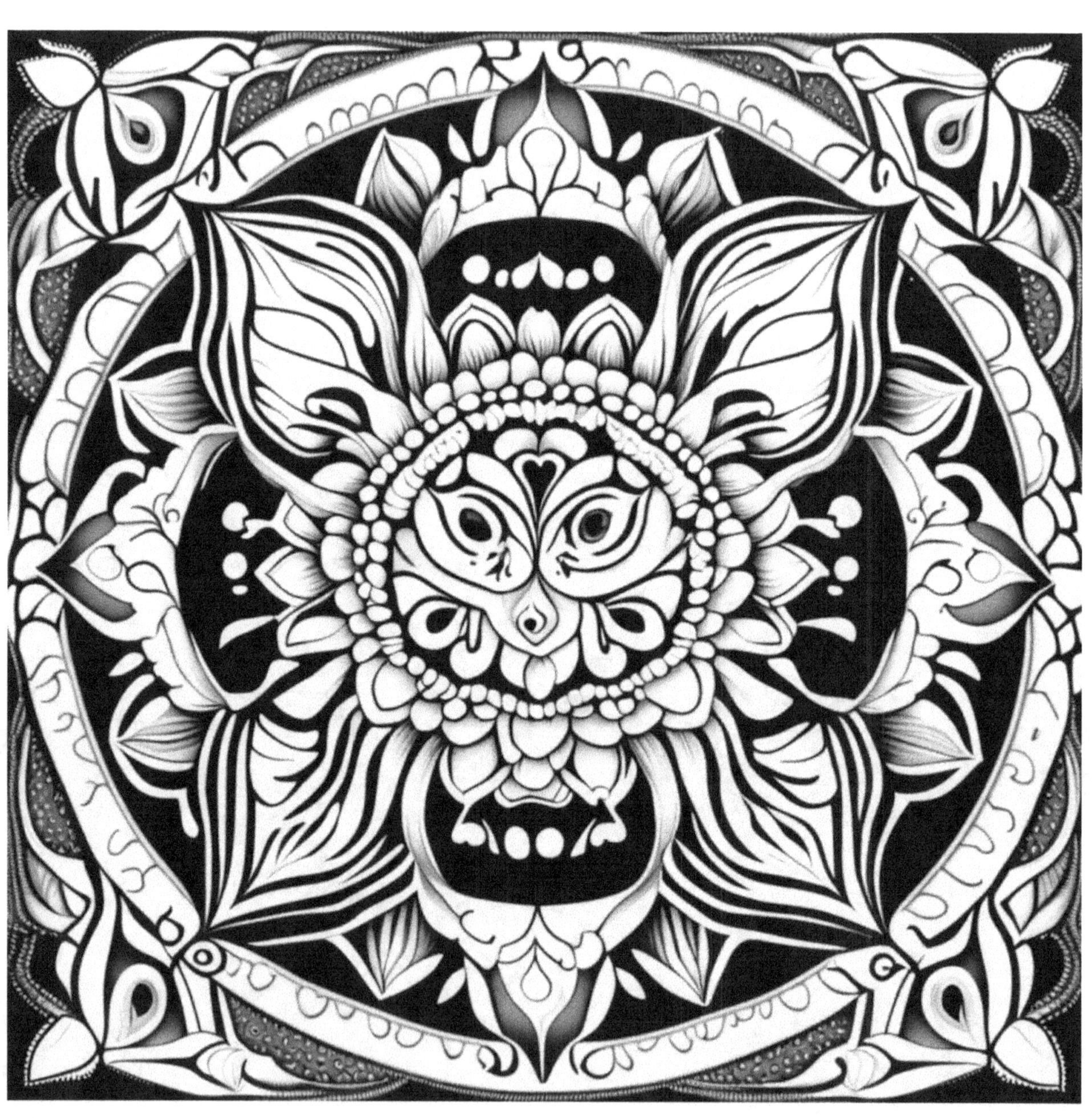

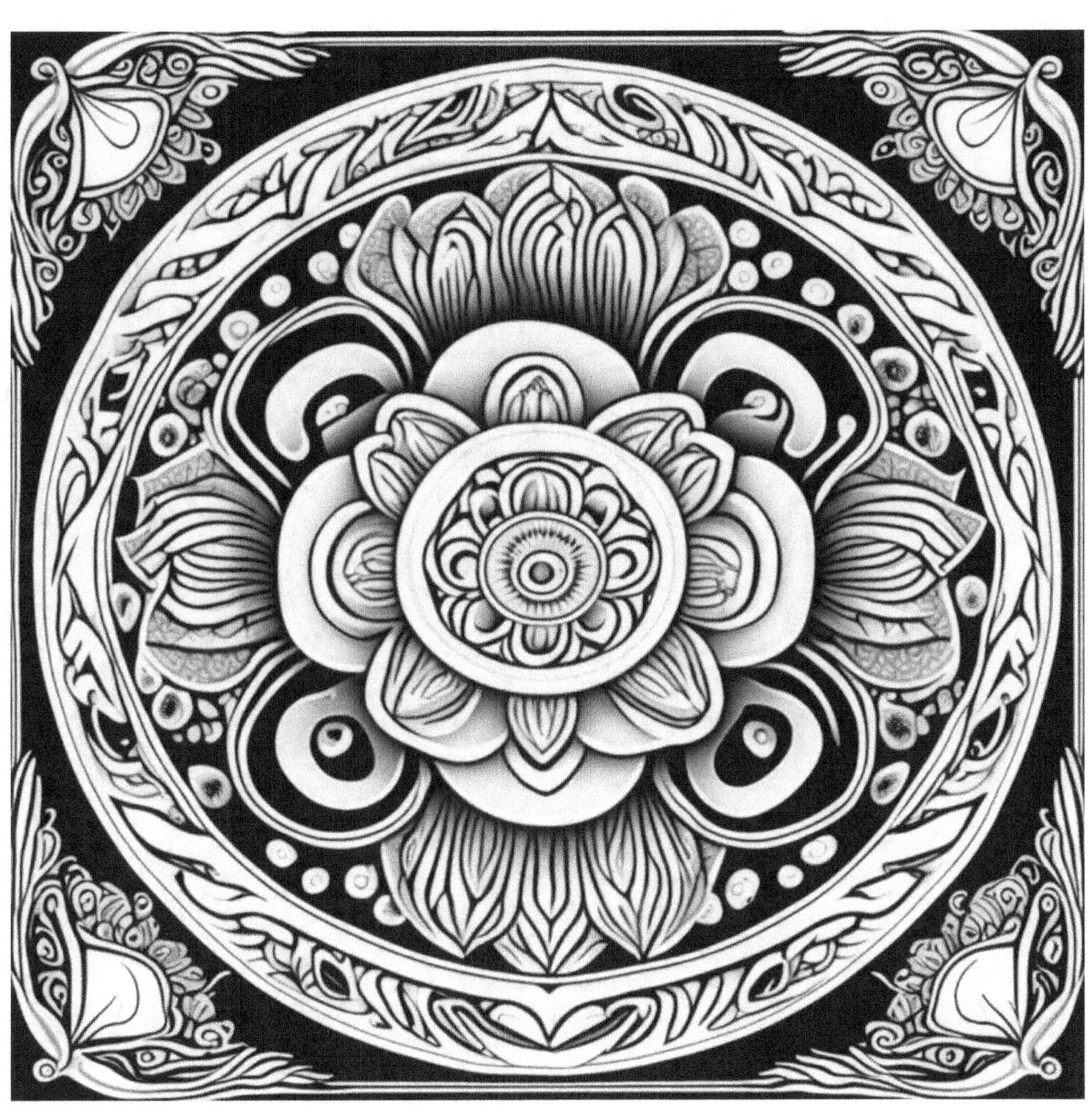

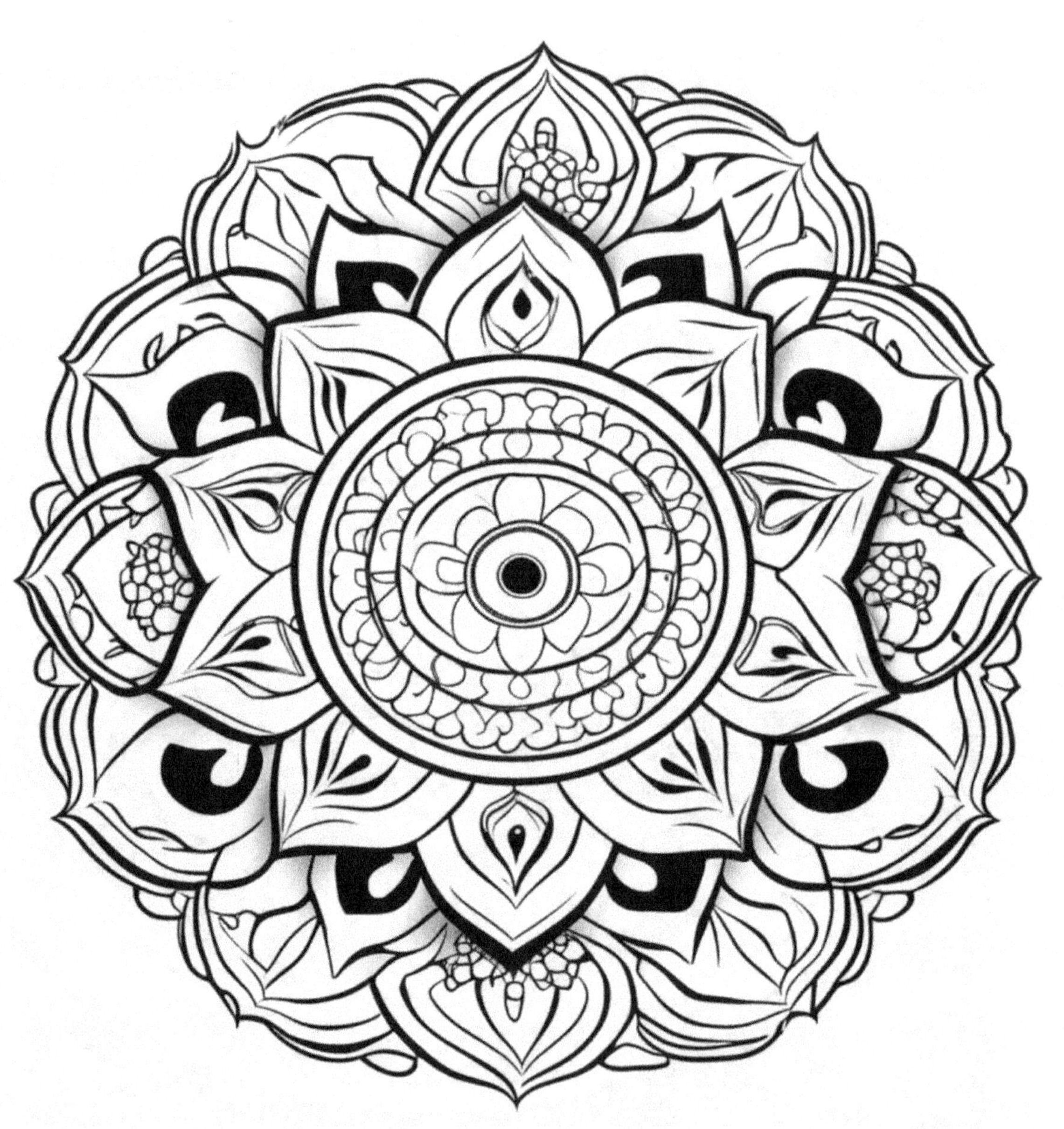

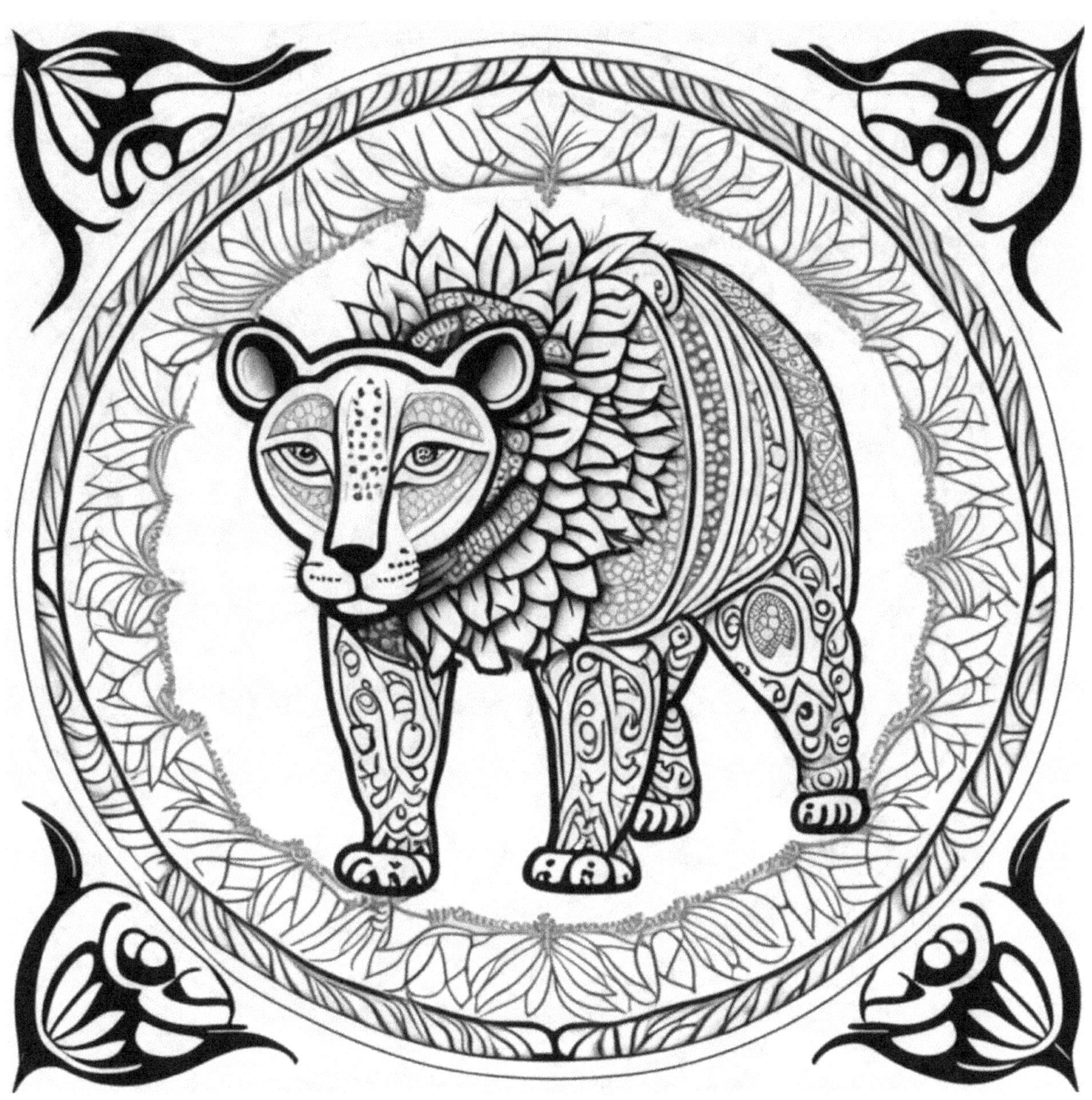

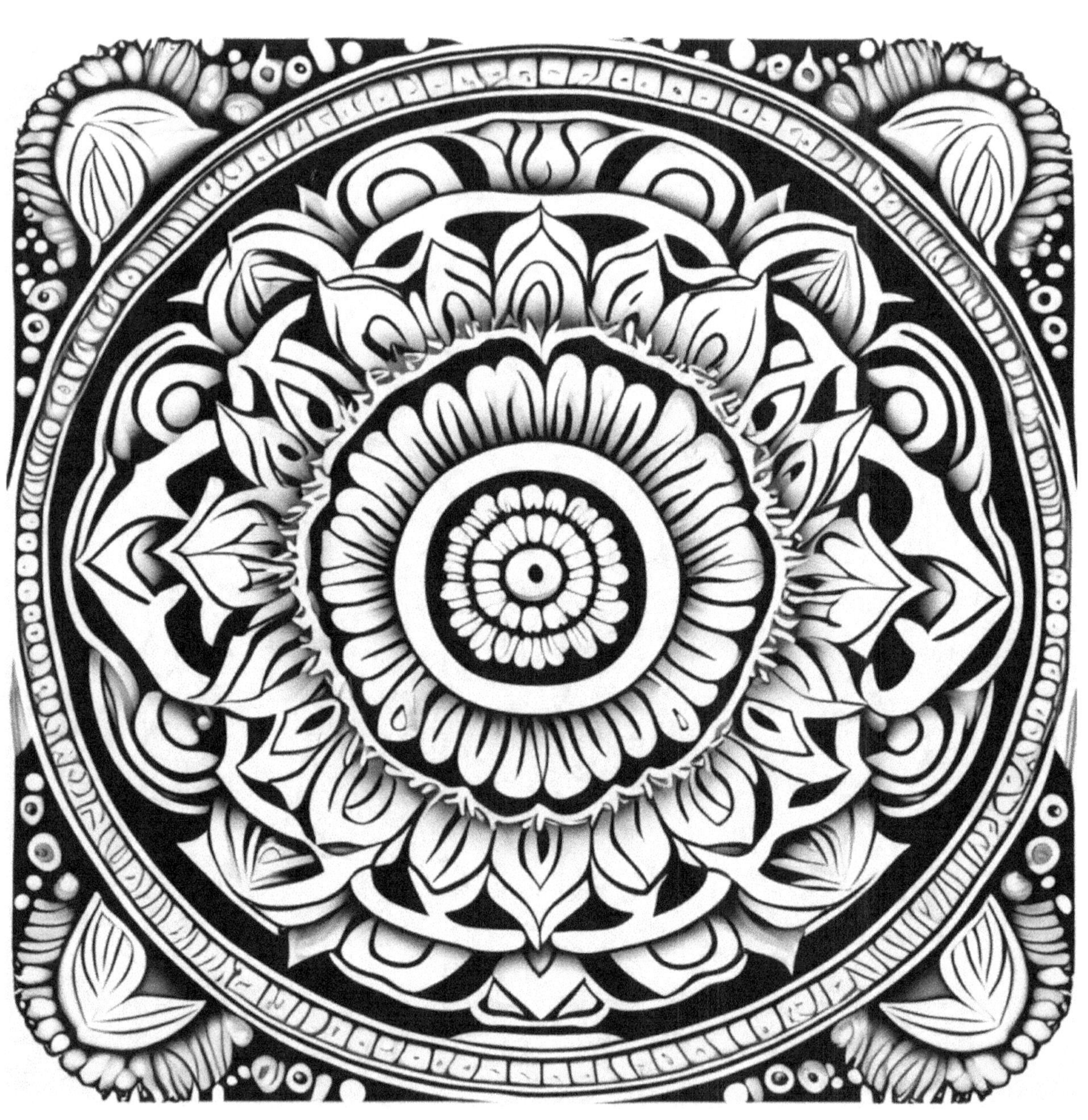

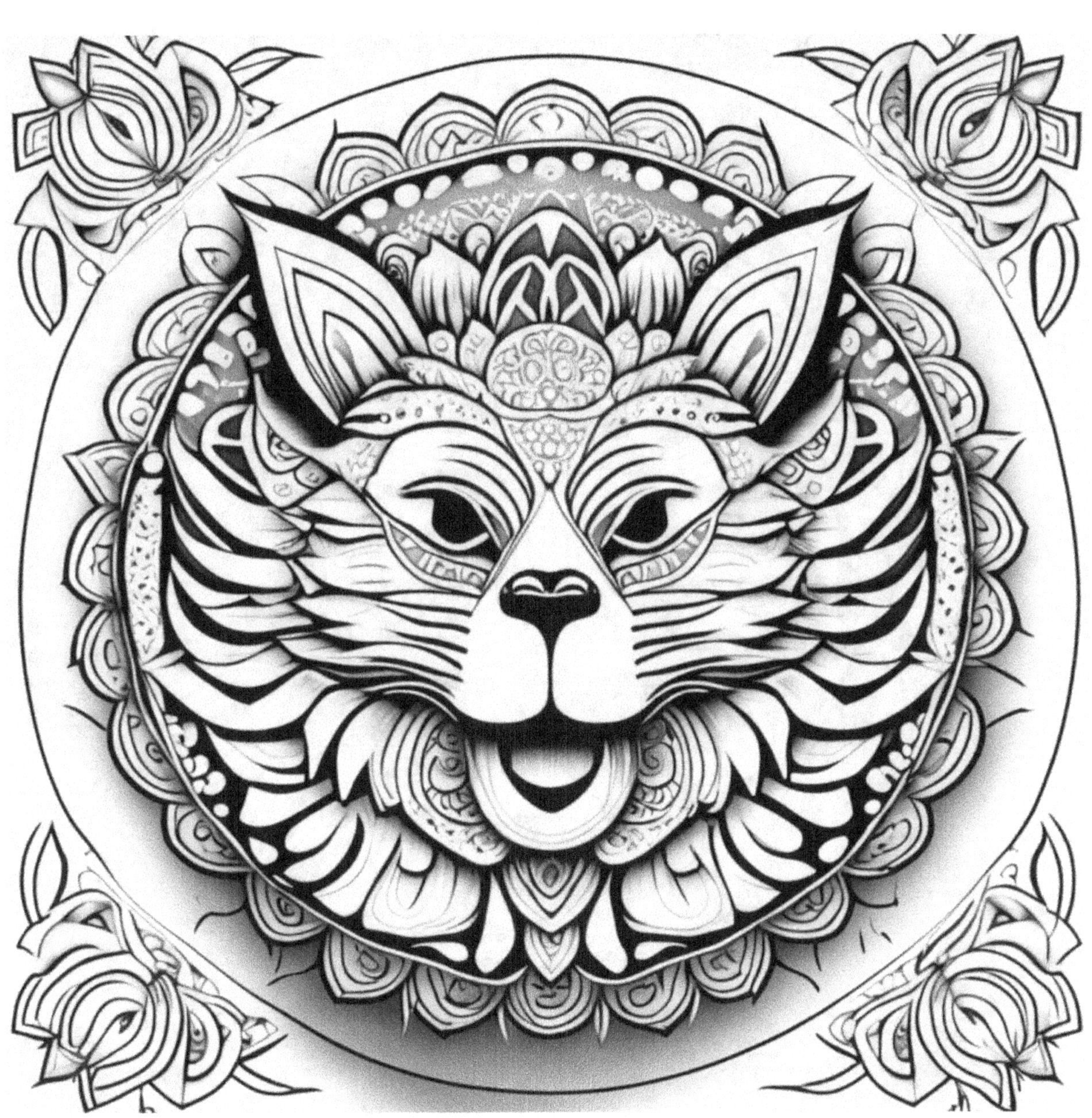

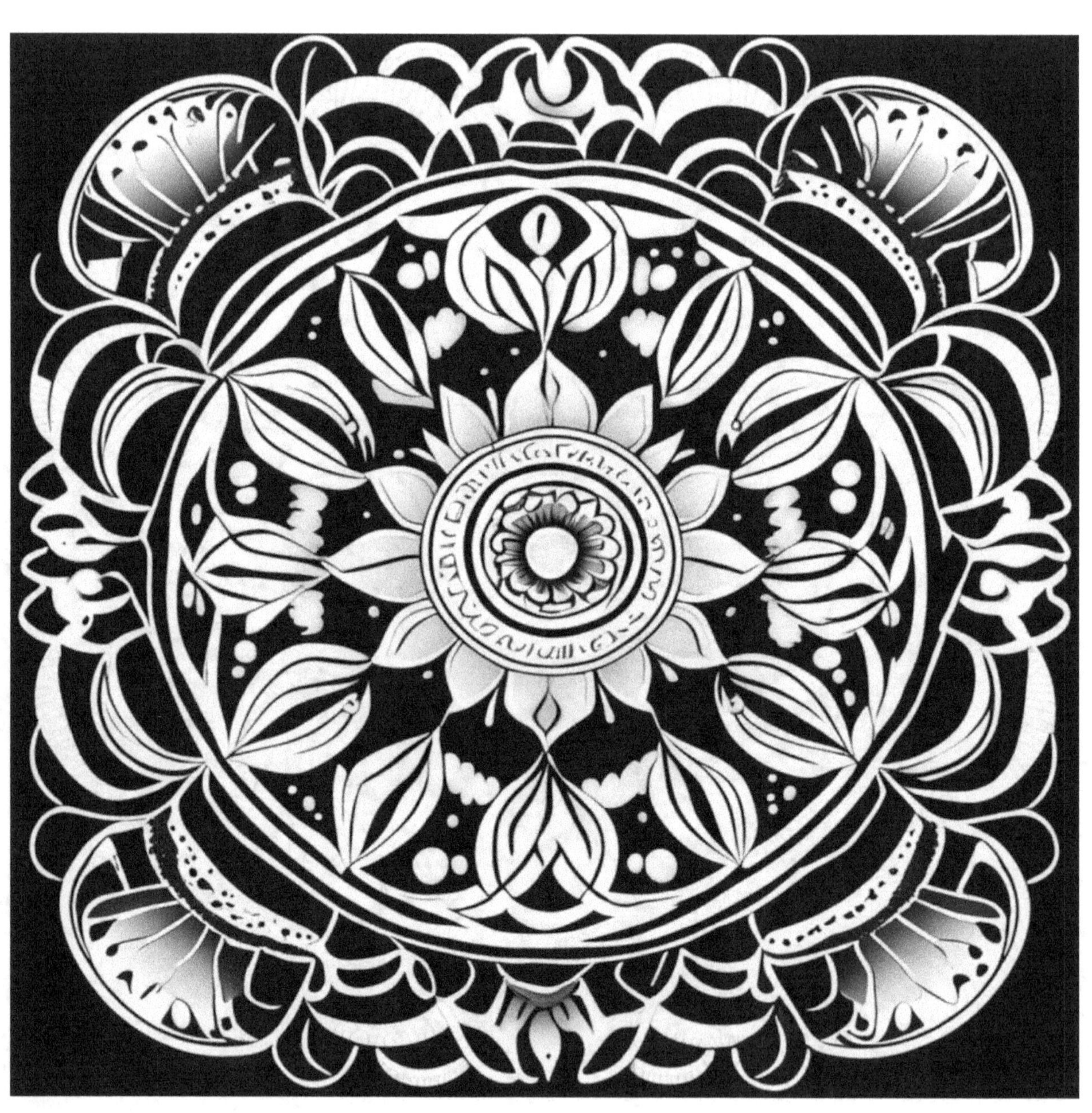

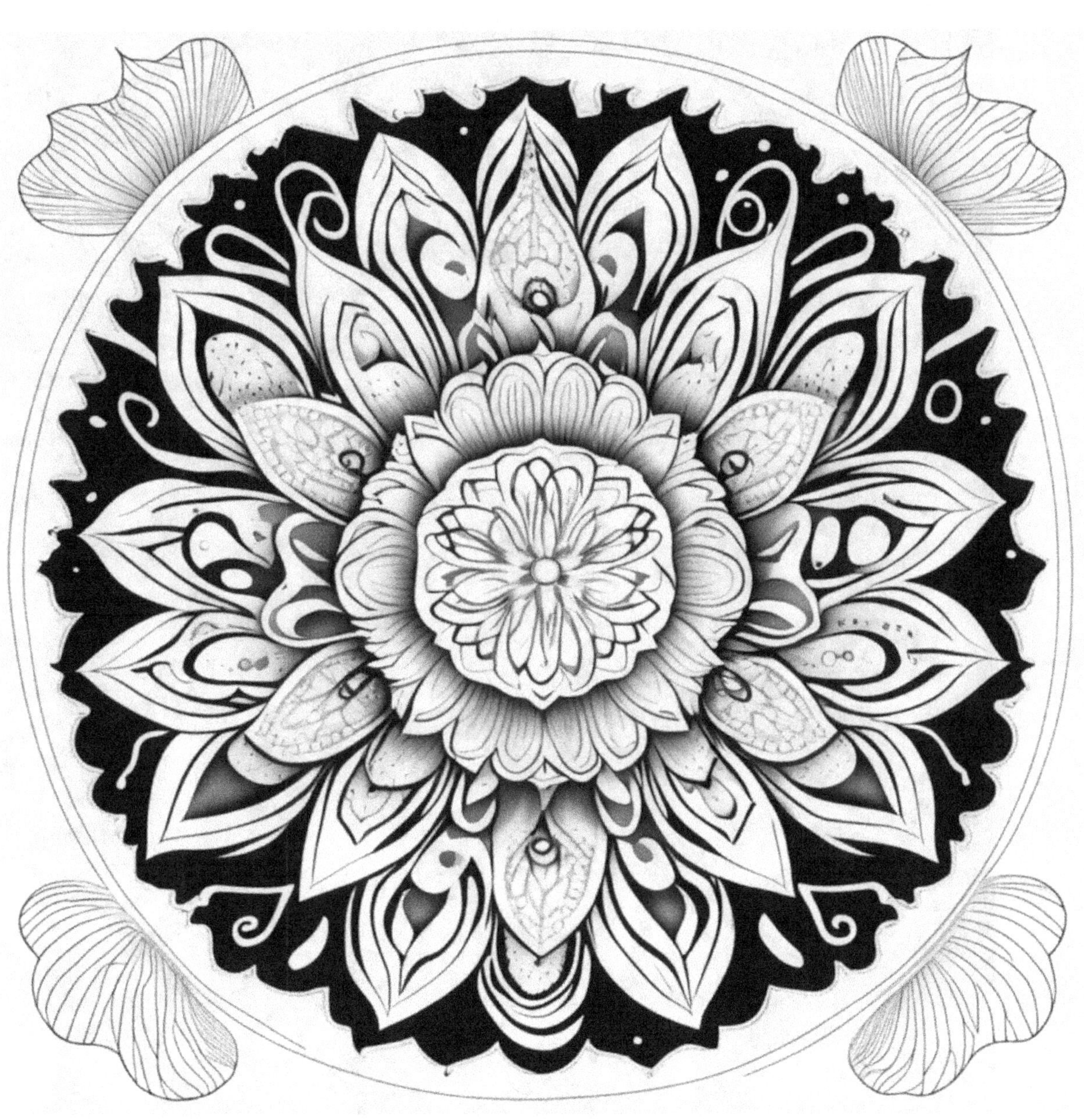

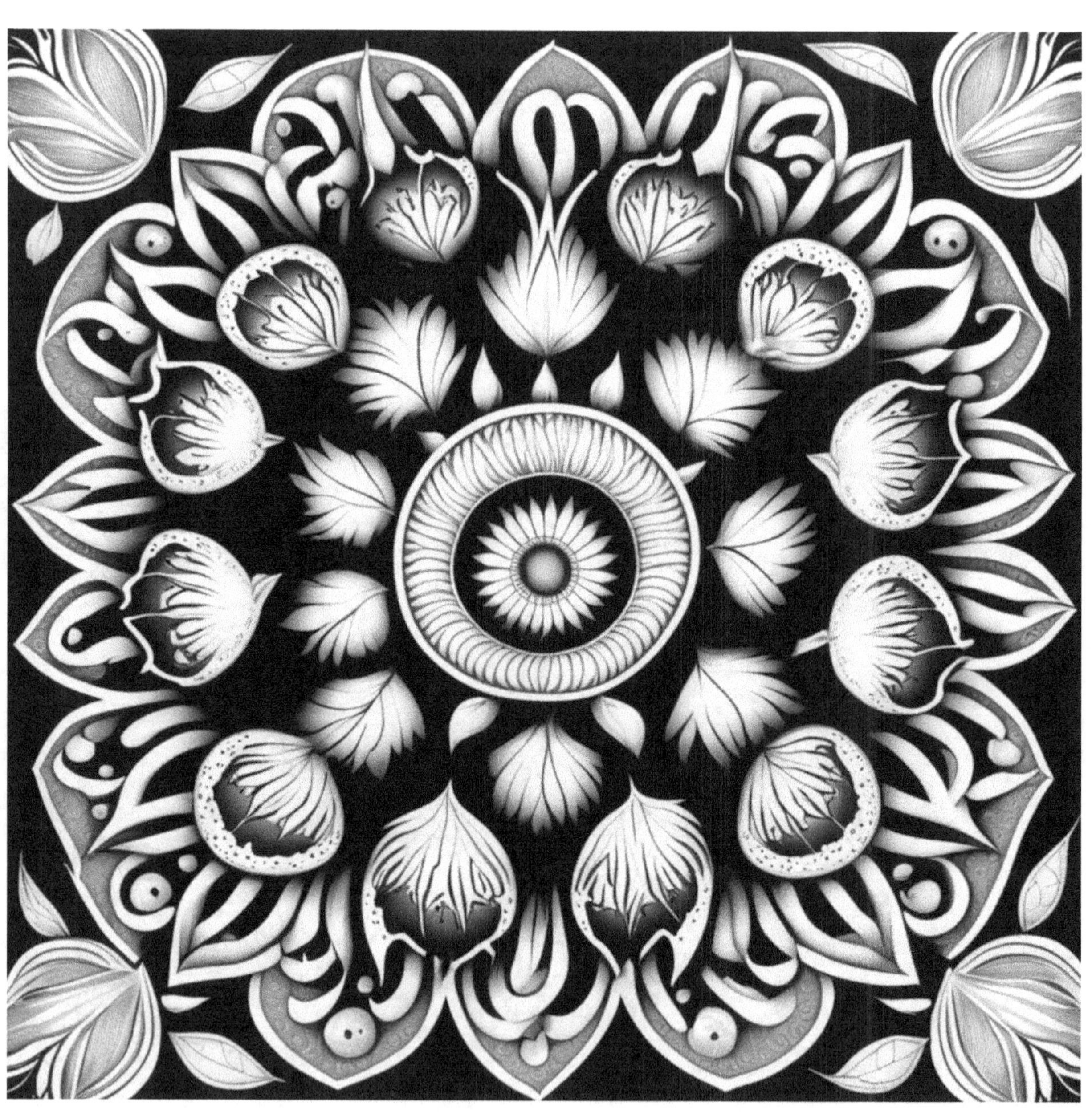

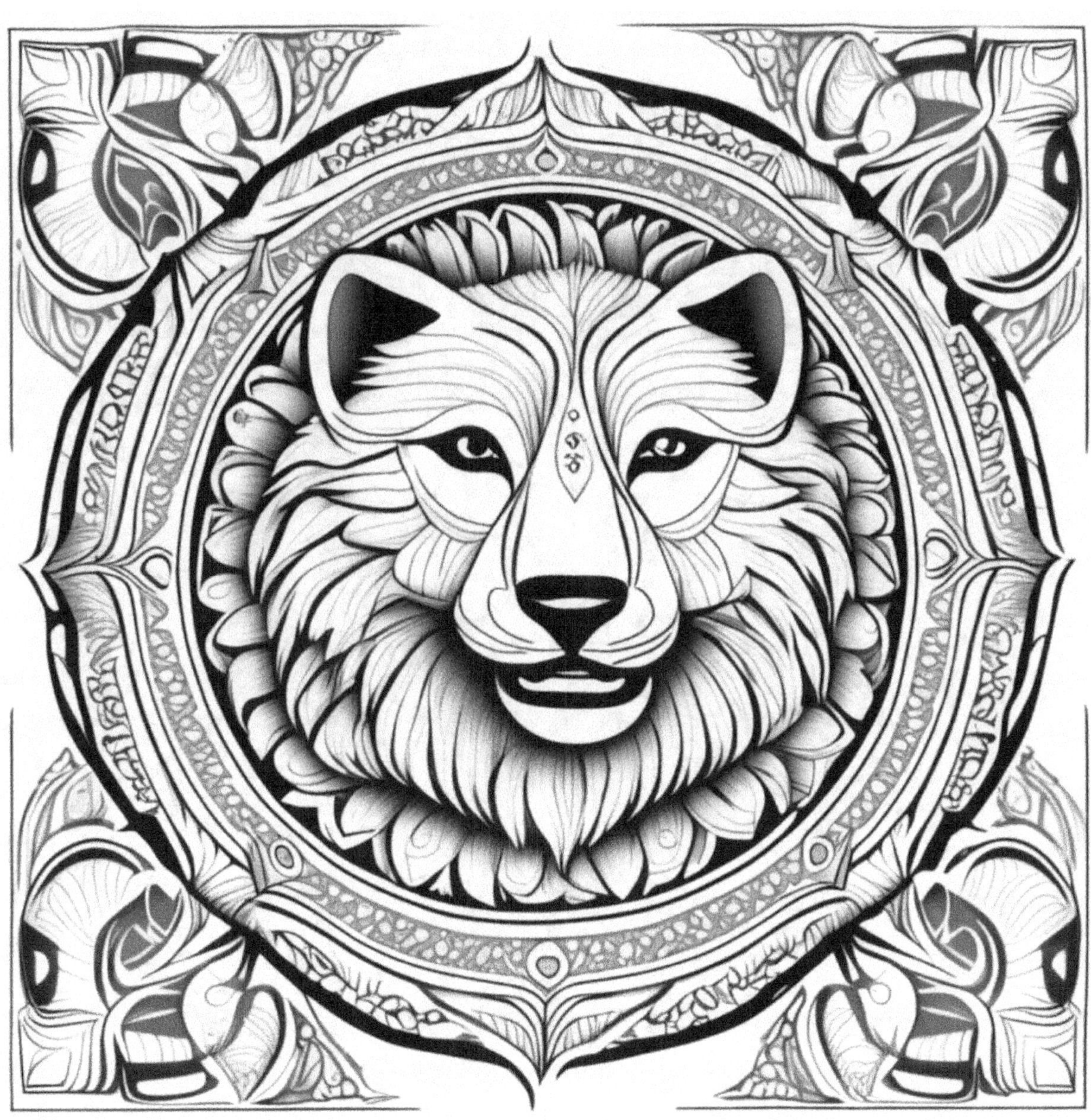

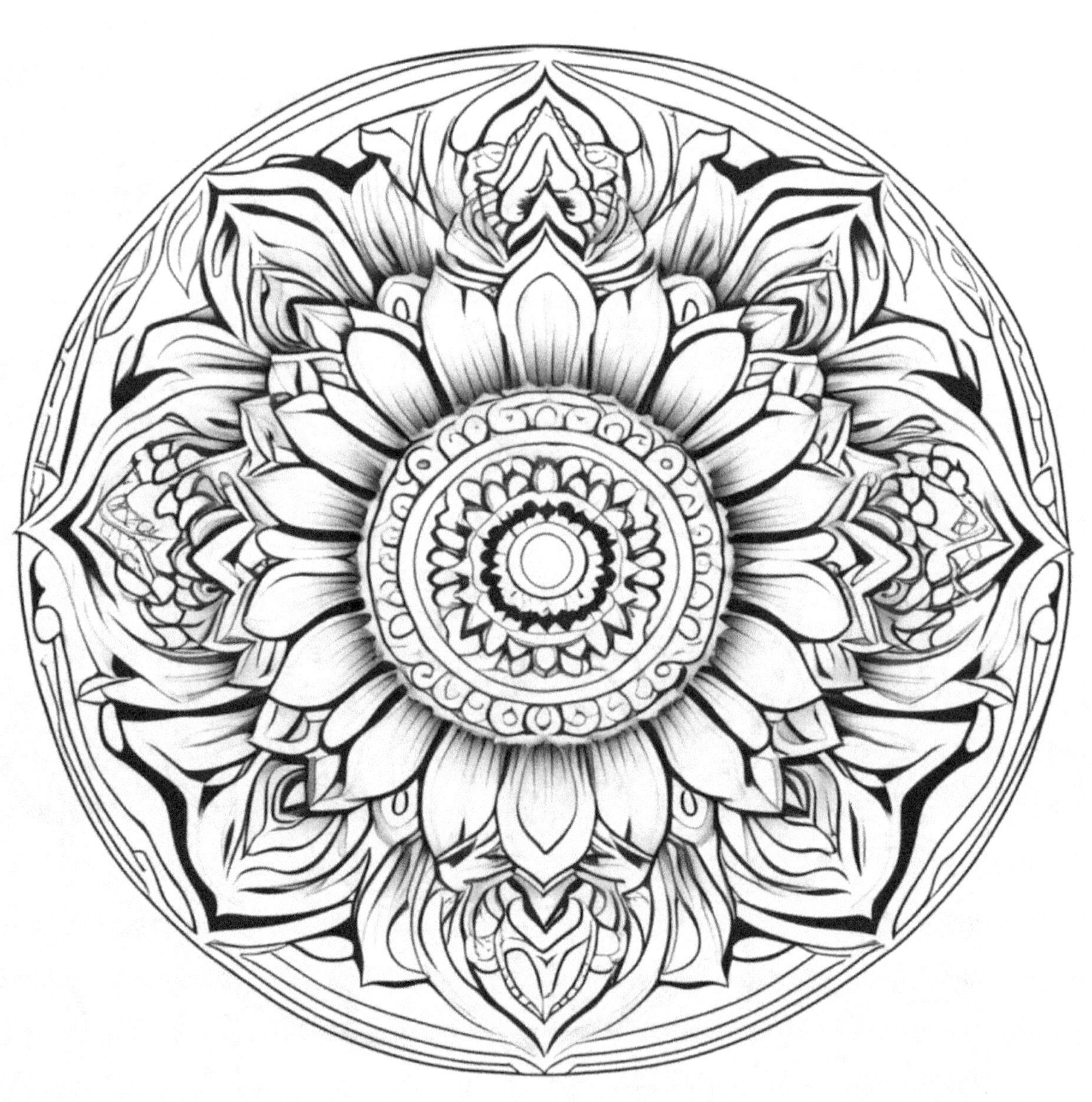

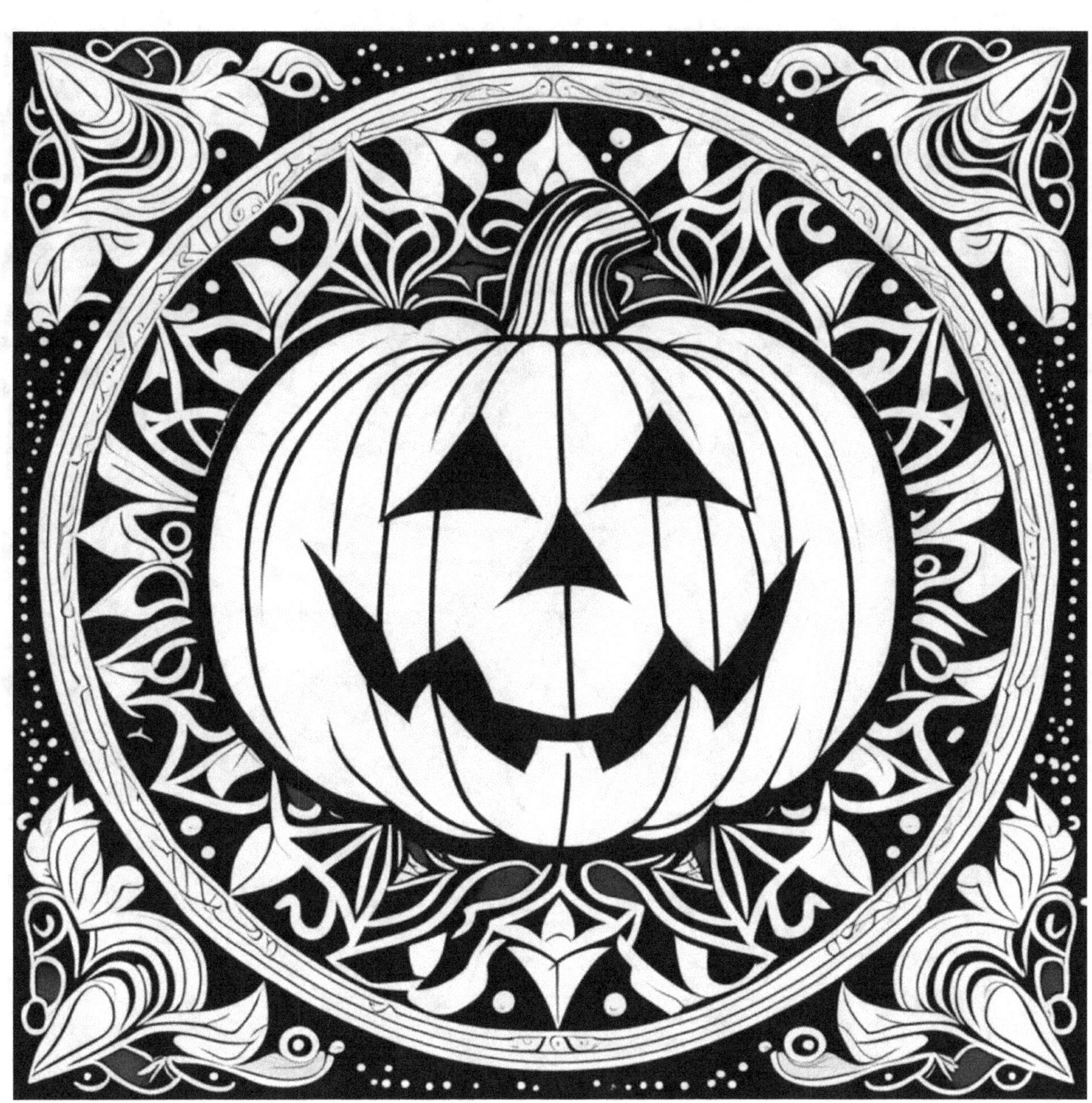

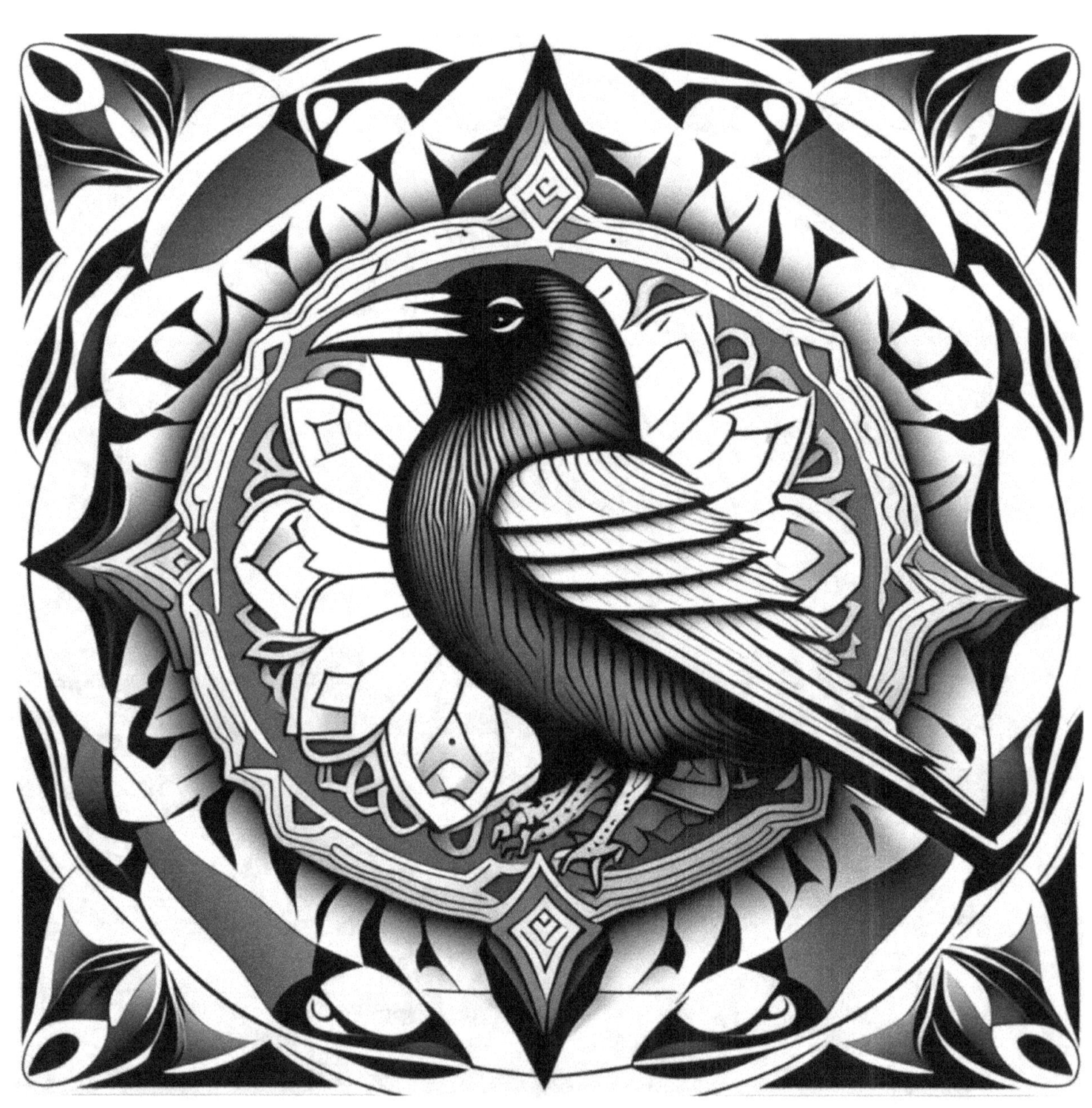

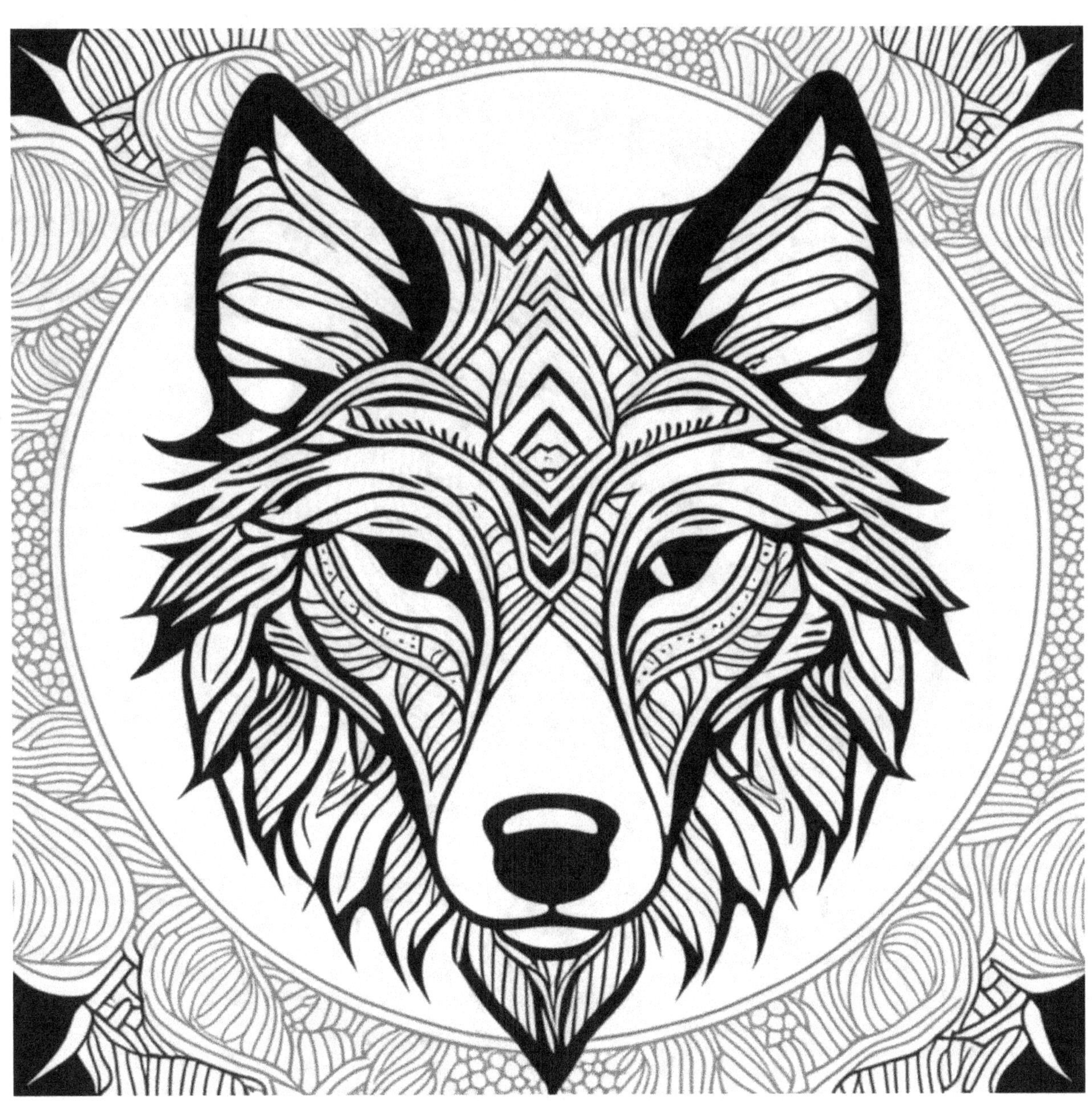

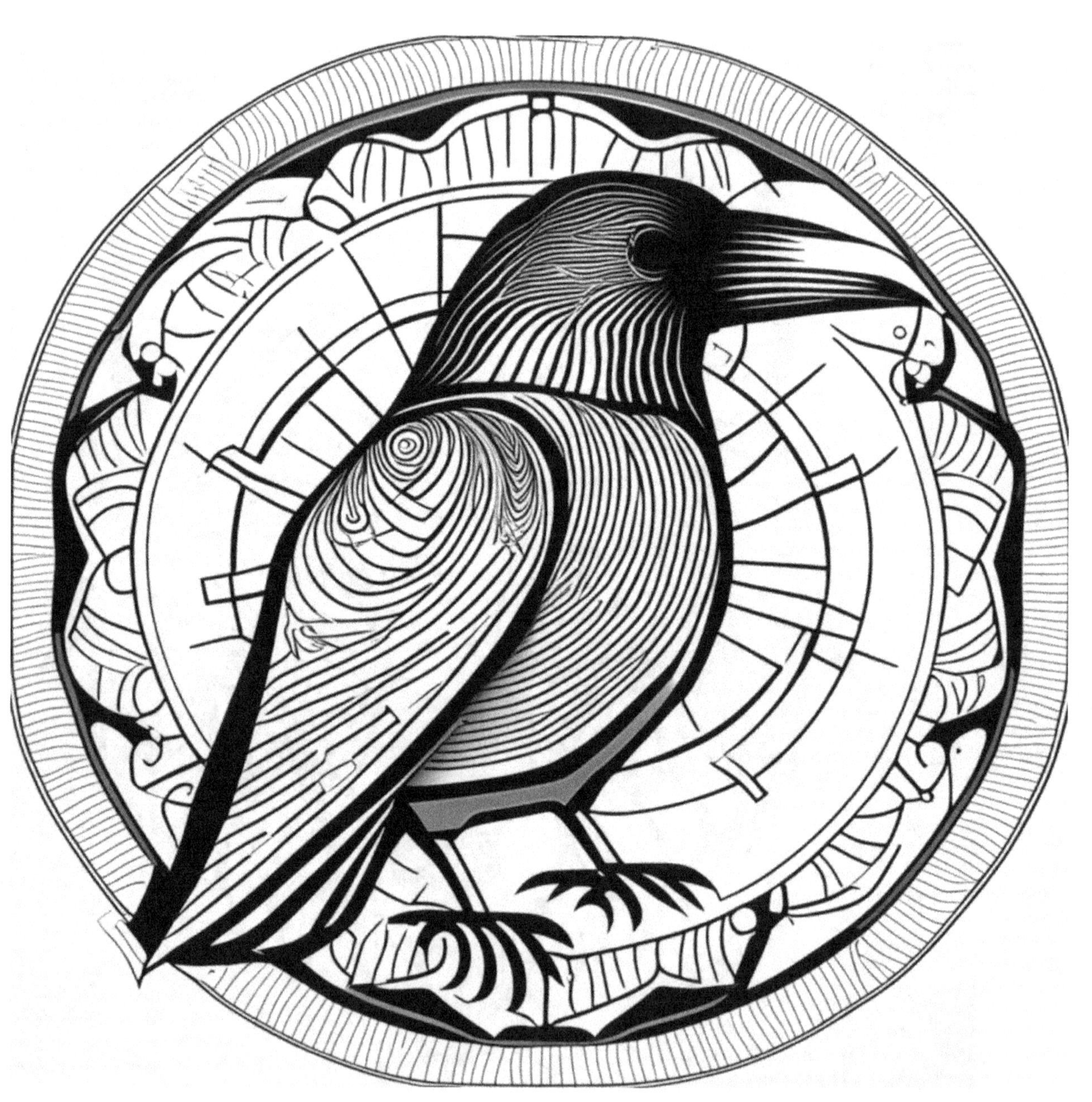

Interpreta el primer color:

El primer color que eliges al colorear un mándala puede revelar mucho sobre tu estado emocional, tus pensamientos o tus necesidades en ese momento específico. A continuación, encontrarás algunas interpretaciones generales de los colores para ayudarte a explorar el significado detrás de tu elección inicial:

- Rojo: El color rojo simboliza la pasión, la energía y la vitalidad. Si has elegido el rojo como primer color, puede indicar que te sientes enérgico/a, motivado/a y listo/a para enfrentar desafíos. También puede representar una fuerte presencia de emociones como el amor, la ira o la pasión.

- Naranja: El naranja es un color cálido y lleno de vitalidad. Si has optado por el naranja como primer color, es posible que te sientas creativo/a, sociable y lleno/a de entusiasmo. Este color también está asociado con la alegría, la confianza y la expresión personal.

- Amarillo: El amarillo es el color del sol y la luz. Si has elegido el amarillo como primer color, puede indicar que te sientes optimista, alegre y lleno/a de energía positiva. Este color también está relacionado con la claridad mental, la felicidad y la inspiración.

- Verde: El verde simboliza la naturaleza, la armonía y el equilibrio. Si has seleccionado el verde como primer color, puede significar que buscas calma, relajación y conexión con la naturaleza. También puede representar un deseo de sanación, crecimiento personal y equilibrio emocional.

- Azul: El azul evoca una sensación de calma, serenidad y paz. Si has escogido el azul como primer color, es probable que busques tranquilidad, estabilidad y armonía interior. También puede reflejar una mente clara, intuición y comunicación sincera.

- ➢ Violeta: El violeta es un color asociado con la espiritualidad, la intuición y la transformación. Si has optado por el violeta como primer color, puede indicar que estás en un momento de introspección, crecimiento espiritual o búsqueda de significado más profundo en tu vida.

- ➢ Rosa: El rosa es un color suave y delicado asociado con el amor, la ternura y la compasión. Si has elegido el rosa como primer color, puede indicar que te encuentras en un estado de apertura emocional, amor propio y sensibilidad hacia los demás.

- ➢ Morado: El morado es un color que evoca misterio, espiritualidad y sabiduría. Si has optado por el morado como primer color, puede significar que estás en un proceso de búsqueda interior, explorando tu conexión con lo divino y buscando respuestas más profundas.

- ➢ Azul celeste: El azul celeste es un tono suave y tranquilizante asociado con la serenidad y la calma. Si has seleccionado el azul celeste como primer color, puede indicar que buscas paz interior, relajación y equilibrio emocional.

- ➢ Amarillo dorado: El amarillo dorado es un color que representa la riqueza, la sabiduría y la iluminación. Si has elegido el amarillo dorado como primer color, puede significar que estás en un camino de crecimiento espiritual, buscando expandir tu conciencia y encontrar mayor significado en la vida.

- ➢ Marrón: El marrón está asociado con la estabilidad, la tierra y la conexión con la naturaleza. Si has optado por el marrón como primer color, puede indicar que buscas una sensación de arraigo, seguridad y conexión con tu entorno.

➤ Gris: El gris es un color neutro que evoca neutralidad y equilibrio. Si has seleccionado el gris como primer color, puede significar que te encuentras en un estado de calma y neutralidad emocional, buscando encontrar un punto de equilibrio en tu vida.

➤ Blanco: El blanco es un color asociado con la pureza, la claridad y la tranquilidad. Si has elegido el blanco como primer color, puede indicar que buscas paz interior, limpieza emocional y claridad mental. También puede simbolizar un nuevo comienzo o la búsqueda de la verdad y la pureza.

➤ Negro: El negro es un color que evoca misterio, profundidad y poder. Si has optado por el negro como primer color, puede significar que estás en un proceso de introspección profunda, explorando tus sombras y buscando transformación y renacimiento. También puede reflejar una sensación de protección o reserva emocional.

➤ Plateado: El plateado es un color asociado con la intuición, la elegancia y la reflexión. Si has seleccionado el plateado como primer color, puede indicar que te encuentras en un estado receptivo, abierto a recibir guía y conocimiento intuitivo. También puede simbolizar una conexión con la energía lunar y femenina.

➤ Dorado: El dorado es un color que representa la abundancia, el éxito y la iluminación espiritual. Si has elegido el dorado como primer color, puede significar que estás en un camino de crecimiento personal y espiritual, buscando la manifestación de tus metas y anhelos más profundos.

➤ Turquesa: El turquesa es un color que evoca tranquilidad, claridad mental y equilibrio emocional. Si has optado por el turquesa como primer color, puede indicar que buscas una conexión armoniosa entre tu mente y tus emociones. También puede simbolizar la comunicación sincera y la expresión auténtica de tus pensamientos y sentimientos.

➢ Verde esmeralda: El verde esmeralda es un color que representa la abundancia, la curación y la conexión con la naturaleza. Si has seleccionado el verde esmeralda como primer color, puede indicar que buscas sanación, renovación y crecimiento en diferentes áreas de tu vida. También puede simbolizar una fuerte conexión con la energía de la tierra.

Interpreta el último color:

El último color que elijes al colorear un mándala puede agregar una capa adicional de significado y revelar cómo ha evolucionado tu estado emocional y mental a lo largo de tu experiencia. A continuación, encontrarás algunas interpretaciones generales de los colores para ayudarte a explorar el significado detrás de tu elección final:

➢ Rojo: Si has seleccionado el rojo como último color, puede indicar que has canalizado tu energía de manera intensa y apasionada en el proceso de colorear el mándala. También puede reflejar una sensación de poder, determinación y acción en tu vida.

➢ Naranja: El naranja como último color puede simbolizar una sensación de satisfacción y creatividad plena. Puede indicar que has expresado tu individualidad y disfrutado del proceso de creación durante el coloreo. También puede representar una actitud positiva y optimista hacia la vida.

➢ Amarillo: Si has optado por el amarillo como último color, puede indicar que te sientes iluminado/a y lleno/a de alegría después de completar el mándala. También puede simbolizar una mayor claridad mental y confianza en ti mismo/a.

- ➤ Verde: El verde como último color puede representar un estado de equilibrio y armonía que has alcanzado a lo largo de tu experiencia de coloreo. Puede indicar una conexión más profunda con la naturaleza, una sensación de paz interior y un crecimiento personal significativo.

- ➤ Azul: Si has elegido el azul como último color, puede indicar que te sientes calmado/a y sereno/a después de haber completado el mándala. También puede reflejar una comunicación clara y auténtica contigo mismo/a y con los demás.

- ➤ Violeta: El violeta como último color puede simbolizar un proceso de transformación y autodescubrimiento profundo. Puede indicar que has explorado aspectos más profundos de tu ser y que estás en un viaje espiritual en busca de significado y conexión.

- ➤ Rosa: Si el rosa es el último color que utilizaste, puede indicar que te encuentras en un estado de amor y compasión hacia ti mismo/a y hacia los demás. También puede reflejar una sensación de armonía emocional y un enfoque en las relaciones cercanas.

- ➤ Morado: Si el morado es el último color que elegiste, puede simbolizar una transformación profunda y una conexión más fuerte con tu espiritualidad. También puede indicar una mayor intuición y sabiduría adquirida a lo largo del proceso de colorear el mándala.

- ➤ Azul celeste: Si el azul celeste es el último color que utilizaste, puede indicar que te sientes en un estado de calma y serenidad después de completar el mándala. También puede reflejar una mayor claridad mental y una sensación de paz interior.

- ➤ Amarillo dorado: Si el amarillo dorado es el último color que elegiste, puede simbolizar un sentido de plenitud y éxito. Puede indicar que te sientes iluminado/a y en armonía con tu propósito de vida. También puede reflejar una mayor conexión con tu poder personal y tu autoestima.

- ➤ Marrón: Si el marrón es el último color que utilizaste, puede representar una sensación de estabilidad y arraigo. Puede indicar que te sientes enraizado/a y conectado/a con tu entorno. También puede reflejar un sentido de seguridad y confianza en ti mismo/a.

- ➤ Gris: Si el gris es el último color que elegiste, puede indicar una neutralidad emocional y un equilibrio interno. Puede simbolizar un estado de aceptación y adaptabilidad. También puede reflejar un enfoque en la objetividad y la imparcialidad.

- ➤ Blanco: Si el blanco es el último color que utilizaste, puede representar una sensación de pureza y renovación. Puede simbolizar un nuevo comienzo o una sensación de limpieza emocional y espiritual. También puede reflejar una mente clara y una perspectiva fresca.

- ➤ Negro: Si el negro es el último color que elegiste, puede indicar una exploración profunda de tus emociones y sombras internas. Puede simbolizar una transformación personal y un renacimiento. También puede reflejar un sentido de misterio y poder.

- ➤ Plateado: Si el plateado es el último color que utilizaste, puede representar una conexión con tu intuición y una mayor conciencia espiritual. Puede indicar una apertura a la guía divina y una conexión con la energía lunar. También puede reflejar una elegancia y sofisticación en tu enfoque de la vida.

> Dorado: Si el dorado es el último color que elegiste, puede simbolizar la manifestación de tus metas y deseos más profundos. Puede indicar una sensación de abundancia y éxito. También puede reflejar una conexión con tu poder interno y una iluminación espiritual.

> Turquesa: Si el turquesa es el último color que utilizaste, puede representar una comunicación sincera y una expresión auténtica de tus pensamientos y sentimientos. Puede indicar un equilibrio entre tu mente y tus emociones. También puede reflejar una sensación de tranquilidad y calma.

> Verde esmeralda: Si el verde esmeralda es el último color que elegiste, puede simbolizar un crecimiento y una sanación profundos. Puede indicar una conexión más fuerte con la naturaleza y una sensación de paz interior. También puede reflejar una renovación y un renacimiento en tu vida.

Variaciones de interpretación:

Es importante recordar que las interpretaciones de los colores pueden variar según la cultura, las creencias personales y las experiencias individuales. Cada persona puede tener una conexión única con los colores y atribuirles significados personales. Algunas variaciones de interpretación pueden incluir:

> Influencia cultural: Los colores pueden tener significados diferentes en diferentes culturas.
> Experiencias personales: Cada individuo tiene experiencias y asociaciones personales con los colores.
> Creencias y simbolismo personal: Los lectores pueden tener creencias espirituales, filosóficas o simbólicas que atribuyen a los colores.
> Influencia del entorno: El entorno físico en el que se encuentra una persona también puede influir en la interpretación de los colores. Por ejemplo, los colores naturales pueden evocar una sensación de tranquilidad y conexión con la naturaleza, mientras que los colores brillantes pueden estimular la energía y la creatividad.

Cierre y Agradecimiento

Quiero expresar mi más sincero agradecimiento por acompañarme en este viaje a través de los mándalas y los colores. Espero que hayas disfrutado de este libro tanto como yo disfruté creándolo.

Los mándalas son un camino hacia la expresión artística, la relajación y la introspección. A través de ellos, hemos explorado los colores y sus interpretaciones, permitiendo que nuestra creatividad y nuestras emociones se entrelacen en un acto de autodescubrimiento.

Quiero agradecerte por dedicar tiempo para colorear, reflexionar y conectarte contigo mismo/a. Espero que hayas encontrado inspiración, calma y un espacio para expresar tus pensamientos y sentimientos a través de los mándalas.

Recuerda que los colores son herramientas poderosas que nos permiten explorar nuestra interioridad y experimentar un mundo lleno de significado. Cada trazo de color en un mándala es una expresión única de quiénes somos y cómo nos relacionamos con el mundo que nos rodea.

Agradezco profundamente tu apoyo y confianza en este proyecto. Sin ti, este libro no sería posible. Espero haber podido brindarte una experiencia enriquecedora y significativa.

Que este libro de mándalas siga inspirándote en tu camino de autodescubrimiento y que los colores siempre sean una fuente de alegría, equilibrio y transformación en tu vida.

¡Gracias de corazón!

Con gratitud,

K. K. P